中等职业教育"十三五"规划教材

中职中专会计专业系列教材

基础会计实训

王朝辉　主　编

楚立可　副主编

科学出版社

北　京

内 容 简 介

本书是《基础会计》（王朝辉主编，科学出版社）的配套实训教材，因每个实训项目具有独立性，所以本书可单独作为实训用书。

本书由实训项目、技能测试、综合实训3个部分构成，既注重学生的单项技能训练，也注重学生综合技能的培养。根据教学内容，教师既可安排单项实训，也可根据进度进行阶段性测试，符合学生能力提升规律。

本书既可作为中等职业教育会计类专业学生模拟实训教材，也可作为学习会计知识人员的辅导用书。

图书在版编目（CIP）数据

基础会计实训/王朝辉主编. —北京：科学出版社，2019.2
（中等职业教育"十三五"规划教材·中职中专会计专业系列教材）
ISBN 978-7-03-060544-3

Ⅰ. ①基… Ⅱ. ①王… Ⅲ. ①会计学—中等专业学校—教材 Ⅳ. ①F230

中国版本图书馆 CIP 数据核字（2019）第 029842 号

责任编辑：贾家琛 都 岚 / 责任校对：马英菊
责任印制：吕春珉 / 封面设计：艺和天下

科学出版社出版

北京东黄城根北街 16 号
邮政编码：100717
http://www.sciencep.com

三河市骏杰印刷有限公司印刷

科学出版社发行　　各地新华书店经销
*

2019 年 2 月第 一 版　　开本：787×1092　1/16
2019 年 8 月第二次印刷　　印张：13 3/4

字数：314 000

定价：33.00 元
（如有印装质量问题，我社负责调换〈骏杰〉）

销售部电话 010-62136230　编辑部电话 010-62135763-2041

前　言

　　"基础会计"课程是中等职业学校会计专业的主干课程，其应用性和技术性极强，但由于基本原理多，学生缺乏感性认识，而且理解力有限，因此该课程教学难度大，教学效果难尽如人意。该课程往往成为决定学生对本专业是否感兴趣的关键。因此，运用科学、合理、有效的方法与手段，将实践教学完全融入课程整体教学体系，帮助学生理解和掌握基础理论知识，形成会计核算整体思路，是每一位中职学校会计专业教师需要努力解决的难题。

　　本书以《中华人民共和国会计法》《企业会计准则》《会计基础工作规范》为依据，体现职业特点，着眼能力培养，尽可能将枯燥的理论配以浅显的实训操作，帮助学生理解相关原理，提高学生学习兴趣，为后续课程的学习奠定基础。同时，本书依据最新的税收规定编写，紧跟社会经济发展的步伐。

　　本书体系完整，分为三大部分：实训项目、技能测试和综合实训。第一部分实训项目共 30 个项目，根据《基础会计》的章节顺序，挖掘对应知识点的实训内容，设置相关实训，教师在教学的同时，安排学生操作，化难为易，化整为零，同时加强师生互动，实现专业课"教、学、做合一"的目标。每个实训都设计了实训目标、实训要求、实训资料、实训指导和实训操作 5 个部分，学生在提高动手能力的同时，能快速找到相关理论支撑。第二部分技能测试共 5 套试卷，根据教学进度和教学内容，对实训项目进行合理组合和搭配，既可作为平时练习的巩固，也可作为教师对学生阶段考核和抽查的项目。第三部分综合实训共 2 个综合实训案例，均以工业企业一个月的经济业务为例，涉及基础会计中常见的经济业务。其中，一套采用记账凭证账务处理程序，另一套采用科目汇总表账务处理程序，旨在让学生理解不同账务处理程序在核算过程中的差异，从而理解其优缺点和适用范围，并能根据企业的特点合理选择账务处理程序。同时，一套模拟手工会计工作环境，提供原始凭证，对填制和审核会计凭证、登记账簿、对账结账和编制会计报表进行全过程、全方位的仿真实训；另一套为节省教材篇幅，只设计了经济业务，注明对应需取得或填制的原始凭证，进一步让学生熟悉经济业务核算的流程。本书提供的票据、单证样式尽可能与实际工作中真实的票据、单证一致，以提高学生对就业岗位的适应性。

　　本书由湖南省长沙财经学校王朝辉担任主编，由长沙财经学校楚立可担任副主编，长沙财经学校潘月梅、刘一心参与编写。王朝辉负责全书统稿。具体编写分工如下：王朝辉编写实训项目一～实训项目十五、实训项目二十三～实训项目二十七、综合实训一和综合实训二，潘月梅编写实训项目十六～实训项目二十二，楚立可编写实训项目二十八～实训项目三十，刘一心编写技能测试卷一～技能测试卷五。

在编写本书的过程中，编者得到了所在学校领导和财经商贸教研室教师的大力支持，在此深表感谢。

由于编者水平有限，加之时间仓促，书中疏漏之处在所难免，恳请各位读者提出宝贵意见。

编　者

2018 年 10 月

目 录

第一部分 实训项目

第二部分　技　能　测　试

第三部分　综　合　实　训

第一部分 实训项目

实训项目一 认知原始凭证

一、实训目标

能够根据原始凭证分类标准对原始凭证进行正确分类，能够指出原始凭证所反映的经济业务内容。

二、实训要求

1）判断所给的原始凭证的类型。

2）根据所给原始凭证分析发生的经济业务内容。

三、实训资料

实训资料如凭证 1-1-1～凭证 1-1-6 所示。

凭证 1-1-1

差旅费报销单

金额单位：元

报销日期	2018 年 4 月 10 日		预算科目			专项名称			预算项目		
部门	销售科		出差人		宋健荣	出差事由			市场考察		
出发		到达		交通费			住宿费		其他费用		
日期	地点	日期	地点	交通工具	单据张数	金额	天数	单据张数	金额	项目	单据张数	金额
4月7日	杭州	4月7日	北京	高铁	1	538.50	2	1	600.00	行李费		
4月9日	北京	4月9日	杭州	高铁	1	538.50				市内车费	5	10.00
										出租		
										手续费		
										出差补贴		240.00
										节约奖励		
合计						¥1 077.00			¥600.00			¥250.00
报销总额	人民币（大写）		壹仟玖佰贰拾柒元整						预借款		¥2 000.00	
	人民币（小写）		¥1 927.00			补领不足			归还多余		¥73.00	

主管：龙晓　　　　　审核：张辉　　　　　报销人：宋健荣　　　　　部门：销售科

凭证 1-1-2

收 料 单

发票号码：No49764412　　　　　　　　2018 年 3 月 2 日　　　　　　　　　编号：005

供应单位：长沙市丽阳工厂　　　　　　　　　　　　　　　　　收料仓库：原材料库

材料类别：钢材　　　　　　　　　　　　　　　　　　　　　　金额单位：元

材料/编号	物料名称	规格型号	单位	数量		实际成本				
				应收	实收	买价		运杂费	其他	合计
						单价	金额			
钢材	不锈钢板材	Q235B	吨	20.00	20.00	3 000.00	60 000.00	0.00	0.00	60 000.00
合计				20.00			¥60 000.00			¥60 000.00

采购员：李明明　　　　　检验员：文灿　　　　　记账员：肖林　　　　　保管员：杨丽云

第三联　记账

凭证 1-1-3

湖南增值税专用发票　　　　No73512321

此联不作报销、扣税凭证使用　　　　　　　　开票日期：2018 年 8 月 20 日

购货单位	名　称：	长沙顺达机电设备有限公司				密码区	67/*+3*0/611*++0/+0*/*+3+2/9
	纳税人识别号：	430510984568989559					*11*+66666**066611*+66666*
	地址、电话：	长沙市劳动中路 108 号 0731-84295098					1**+216***6000*261*2*4/*547
	开户行及账号：	中国工商银行长沙劳动路支行 622000365147895412					203994+-42*64151*6915361/3*

货物或应税劳务、服务名称	规格型号	单位	数量	单价	金额	税率	税额
不锈钢板材	Q235B	吨	20	3 000.00	60 000.00	16%	9 600.00
合　计					¥60 000.00		¥9 600.00

价税合计（大写）	人民币陆万玖仟陆佰元整		（小写）¥69 600.00

销货单位	名　称：	长沙市光明工厂	备注
	纳税人识别号：	430101582501090	
	地址、电话：	长沙市远大二路 80 号 0731-84632457	
	开户行及账号：	中国工商银行马王堆支行 622020248932156612	

收款人：范冰云　　　复核：张含光　　　开票人：李天乐　　　　销货单位：（章）

第一联　记账联　销货方记账凭证

长沙市光明工厂　430101582501090　发票专用章

凭证 1-1-4

湖南增值税专用发票　　　　No63478162

发票联

开票日期：2018 年 8 月 12 日

购货单位	名　　　称：长沙顺达机电设备有限公司				密码区	67/*+3*0/611*++0/+0*/*+3+2/9
	纳税人识别号：430510984568989559					*11*+66666**066611*+66666*
	地址、电话：长沙市劳动中路 108 号　0731-84295098					1**+216***6000*261*2*4/*547
	开户行及账号：中国工商银行长沙劳动路支行 622000365147895412					203994+-42*64151*6915361/3*

货物或应税劳务、服务名称	规格型号	单位	数量	单价	金额	税率	税额
空调	KFR-35W	台	5	4 000.00	20 000.00	16%	3 200.00
合　计					￥20 000.00		￥3 200.00

价税合计（大写）	人民币贰万叁仟贰佰元整	（小写）￥23 200.00

销货单位	名　　　称：长沙富乐商业广场	备注	长沙富乐商业广场 430622603712019122 发票专用章
	纳税人识别号：430622603712019122		
	地址、电话：长沙市开福区蔡锷中路 345 号　0731-82150568		
	开户行及账号：中国银行开福支行 600222453106896524		

收款人：徐悦　　　　复核：张大伟　　　　　　　开票人：李四光　　　　　　销货单位：（章）

凭证 1-1-5

```
        中国工商银行
        转账支票存根
         00376542
         21565443

  附加信息
  _____

  _____

  _____

  出票日期 2018 年 10 月 6 日

  收款人：瑞华办公用品有限公司

  金　额：￥1 200.00

  用　途：购买办公用品

  单位主管：马子涵      会计：何武
```

凭证 1-1-6

借　款　单

2018 年 10 月 1 日

资金性质：出差借款

部门	销售部门		借款人	马大华
借款理由	出差借款			
金额	大写　人民币贰仟元整		小写　¥2 000.00	
领导批示	同意		财务主管	王飞
部门主管：刘国华		出纳：刘丹		领款人签收：马大华

现金付讫

四、实训指导

（1）原始凭证的分类

原始凭证有 3 种分类方法：①按原始凭证的来源，可分为外来原始凭证和自制原始凭证；②按原始凭证的填制手续及方法，可分为一次原始凭证、累计原始凭证和汇总原始凭证；③按原始凭证的格式，可分为通用原始凭证和专用原始凭证。

（2）原始凭证的作用

原始凭证又称单据，主要起证明经济业务实际发生和完成情况的作用，是在经济业务发生或完成时取得或填制的，并作为记账的原始依据。

五、实训操作

根据实训资料填写原始凭证识别表（表 1-1-1）中的相关内容。

表 1-1-1　原始凭证识别表

序号	原始凭证名称	分类			对应经济业务内容
		按来源	按填制手续及方法	按格式	
1					
2					
3					
4					
5					
6					

实训项目二　原始凭证金额的书写

一、实训目标

掌握原始凭证大小写金额的书写。

二、实训要求

1）给出小写金额，写出对应的大写金额。
2）给出大写金额，写出对应的小写金额。

三、实训资料

1. 填写小写转大写金额

根据下列小写金额写出对应的大写金额（表 1-2-1）。

表 1-2-1　小写转大写金额表

小写金额	大写金额
¥24 409.20	
¥30 670.09	
¥80 000.05	
¥60 400.30	
¥5 645.31	
¥921 205.00	
¥710 000.00	
¥4 025 810.52	
¥20 400.72	
¥60 170.29	

2. 填写大写转小写金额

根据下列大写金额写出对应的小写金额（表 1-2-2）。

表 1-2-2　大写转小写金额表

小写金额	大写金额
	人民币叁万壹仟佰佰零伍元陆角贰分
	人民币贰拾万零玖柒角整
	人民币陆佰万零捌仟叁佰零壹元伍角肆分
	人民币肆万元零壹分
	人民币陆拾万零伍拾贰元整
	人民币玖佰元零伍角整
	人民币柒万零捌佰元整
	人民币伍万贰仟元零玖分
	人民币贰佰万元整
	人民币陆万叁仟伍佰伍拾元整

3. 填写大小写金额

根据所给资料填写大小写金额（表 1-2-3）。

表 1-2-3　大小写金额表

小写金额	大写金额
¥444 627.84	
¥800 100.60	
¥39 005.00	
¥190.46	
¥3 605.08	
	人民币柒佰零壹元捌角整
	人民币伍拾万零叁佰元整
	人民币壹佰零玖万零贰佰壹拾元伍角陆分
	人民币壹亿元整

4. 填写票据大写日期

根据所给资料填写票据大写日期（表 1-2-4）。

表 1-2-4　票据日期填写表

日期	票据大写日期
2018 年 5 月 11 日	
2018 年 7 月 20 日	
2018 年 2 月 10 日	
2018 年 12 月 2 日	

续表

日期	票据大写日期
2018 年 10 月 30 日	
2018 年 1 月 13 日	
2018 年 11 月 5 日	
2018 年 3 月 31 日	

四、实训指导

1）大小写金额必须相符且填写规范，小写金额用阿拉伯数字逐个书写，不得写连笔字。

2）在小写金额前要填写人民币符号"¥"，人民币符号"¥"与阿拉伯数字之间不得留有空白。

3）金额数字一律填写到角、分，无角、分的，写"00"或"一"；有角无分的，分位写"0"，不得写"一"。

4）大写金额用汉字壹、贰、叁、肆、伍、陆、柒、捌、玖、拾、佰、仟、万、亿、元、角、分、零、整或正等，一律用正楷体或行书体书写。

5）大写金额前未印有"人民币"字样的，应加写"人民币"三个字，"人民币"字样和大写金额之间不得留有空白。

6）大写金额到元或角为止的，后面要写"整"或"正"字；有分的，不写"整"或"正"字。

五、实训操作

用正确的方法写出上述大小写金额及票据的大写日期。

实训项目三 填制原始凭证

一、实训目标

能够正确填制常用原始凭证。

二、实训要求

1）给定经济业务，分析经济业务所需的原始凭证。

2）填制增值税专用发票、银行进账单、转账支票、收料单、现金支票、现金存款凭条、借支单、差旅费报销单等。

三、实训资料

企业基本情况如表 1-3-1 所示。

表 1-3-1 企业基本情况

项目	会计主体 1	会计主体 2
企业名称	长沙市国美工厂	长沙市丽阳工厂
企业类型	制造业企业	制造业企业
单位主管	肖建华	杨天
会计主管	龙晓	沈林
会计、出纳	王艳、陈永珍	肖林、张峰
复核、记账	张辉、李伟华	陈旦、叶小青
开户银行及账号	中国工商银行中山支行 6224578908793523	中国工商银行五一支行 62289911804200117
纳税人识别号	433027102184564412	430510984568984701
地址、电话	长沙市芙蓉南路 41 号 0731-84636017	长沙市湘江东路 67 号 0731-84623908

1）长沙市国美工厂于 2018 年 9 月 8 日向长沙市丽阳工厂销售电器零件（编号为 A83，规格为 75E）800 件，单价为 48 元，金额为 38 400 元，增值税税率为 16%，增值税税额为 6 144 元，价税合计 44 544 元。商品已发出，货款采用转账支票结算。

① 为长沙市国美工厂填写销售商品的增值税专用发票，如凭证 1-3-1 所示。

凭证 1-3-1

增值税专用发票　　No49765793

开票日期：　　年　　月　　日

购货单位	名　　称： 纳税人识别号： 地 址、电 话： 开户行及账号：				密码区	8821*4/-12<0<9-＋3-*3*040331 4412>355-01132*62/25/5-2*12 加密版本：017＋8*71068＋4-35＋ </583/5<-*0403314412>355-01/*72＋7**1*><		
货物或应税劳务、服务名称		规格型号	单位	数量	单价	金额	税率	税额
合　　计								
价税合计（大写）						（小写）		
销货单位	名　　称： 纳税人识别号： 地 址、电 话： 开户行及账号：				备注			

收款人：　　　　复核：　　　　开票人：　　　　销货单位：（章）

第一联　记账联　销货方记账凭证

② 为长沙市国美工厂填写收到支票到中国工商银行进账时的进账单，如凭证 1-3-2 所示。

凭证 1-3-2

中国工商银行进账单（收账通知）　　3

年　　月　　日

出票人	全　　称		收款人	全　　称											
	账　　号			账　　号											
	开户银行			开户银行											
金额	人民币（大写）					千	百	十	万	千	百	十	元	角	分
票据种类		票据张数													
票据号码															
复核　　记账				收款人开户银行签章											

此联是收款人开户银行交给收款人的收账通知

③ 为长沙市丽阳工厂填写支付款项时的转账支票和收到材料的收料单，如凭证 1-3-3 和凭证 1-3-4 所示。

凭证 1-3-3

中国工商银行 转账支票存根 10203310 10613654	中国工商银行　转账支票	10203310 10613654

中国工商银行			
转账支票存根			
10203310			
10613654			
附加信息			
出票日期　年　月　日			
收款人：			
金　额：			
用　途：			
单位主管：　会计：			

付款期限自出票之日起十天

中国工商银行　转账支票　　10203310　10613654

出票日期（大写）　年　月　日　　付款行名称：
收款人：　　　　　　　　　　　　出票人账号：
人民币（大写）　　　　　　　　　亿千百十万千百十元角分

用途　　　　　　　　　　密码
上列款项请从　　　　　　行号
我账户内支付
出票人签章　　　　　复核　　记账

凭证 1-3-4

收　料　单

发票单号：　　　　　　　　　　　　　　　　　　　　　　　编号：
供应单位：　　　　　　　　　　　　　　　　　　　　　　收料仓库：
材料类别：　　　　　　　　　　　年　月　日　　　　　　金额单位：

材料/编号	物料名称	规格型号	单位	数量		实际成本				
				应收	实收	买价		运杂费	其他	合计
						单价	金额			
	合计									

采购员：　　　　　　　检验员：　　　　　　　记账员：　　　　　　　保管员：

第三联　记账

2）长沙市国美工厂于 2018 年 9 月 13 日从中国工商银行提取现金 6 550 元备用。要求填写现金支票，如凭证 1-3-5 所示。

凭证 1-3-5

中国工商银行 现金支票存根 10203311 10613655	付款期限自出票之日起十天	中国工商银行　现金支票			10203311 10613655

中国工商银行　现金支票

出票日期（大写）　　年　月　日　　　付款行名称：

收款人：　　　　　　　　　　　　　出票人账号：

人民币
（大写）　　　　　　　亿 千 百 十 万 千 百 十 元 角 分

用途＿＿＿＿＿　　　　　　　密码＿＿＿＿＿＿＿＿

上列款项请从　　　　　　　　行号＿＿＿＿＿＿＿＿

我账户内支付

出票人签章　　　　　　复核　　　记账

中国工商银行
现金支票存根
10203311
10613655

附加信息
＿＿＿＿＿＿＿

出票日期　年　月　日

收款人：

金　额：

用　途：

单位主管：　　会计：

3）长沙市国美工厂于 2018 年 9 月 2 日将销货款 35 932 元现金存入银行，填写现金存款凭条如凭证 1-3-6 所示。（票面 100 元的有 350 张，票面 50 元的有 16 张，票面 20 元的有 5 张，票面 10 元的有 3 张，票面 1 元的有 2 张）

凭证 1-3-6

中国工商银行（现金存款凭条）

日期：　　　年　　　月　　　日

存款人	全称															
	账号				款项来源											
	开户行				交款人											
金额（大写）						金额 （小写）	亿	千	百	十	万	千	百	十	元	角	分

票面	张数	十	万	千	百	十	元	票面	张数	千	百	十	元	角	分	备注
壹佰元								伍角								
伍拾元								贰角								
贰拾元								壹角								
拾元								伍分								
伍元								贰分								
贰元								壹分								
壹元								其他								

注：此联不作为入账凭证。

4）2018 年 9 月 3 日，长沙市国美工厂财务科李伟华到广州出差，发生以下经济业务。

① 李伟华预借差旅费 4 000 元，已办好借款手续，用现金支付。借款单如凭证 1-3-7 所示。

凭证 1-3-7

借　款　单

年　　月　　日

资金性质：

部门		借款人	
借款理由			
金额	大写：	小写：¥	
领导批示		财务主管	
部门主管：	出纳：		领款人签收：

② 2018 年 9 月 7 日，李伟华出差回厂，报销差旅费，其中往返车费 700 元，出差每天补贴 180 元，住宿每晚 280 元，会务费 980 元。李伟华填写差旅费报销单，如凭证 1-3-8 所示。

凭证 1-3-8

差旅费报销单

金额单位：

报销日期				预算科目		专项名称		预算项目		
部门				出差人		出差事由				
出发		到达		交通费			住宿费			其他费用		
日期	地点	日期	地点	交通工具	单据张数	金额	天数	单据张数	金额	项目	单据张数	金额
										行李费		
										市内车费		
										出租		
										手续费		
										出差补贴		
										节约奖励		
		合计										
报销总额	人民币（大写）									预借款		
	人民币（小写）				补领不足					归还多余		
主管：		审核：			报销人：			部门：				

四、实训指导

原始凭证填制过程应符合如下要求：

1）记录要真实。原始凭证所填列的经济业务内容和数字，必须真实可靠，符合实际情况。

2）内容要完整。原始凭证所要求填列的项目必须逐项填列齐全，不得遗漏或省略。

3）手续要完备。单位自制的原始凭证必须有经办单位领导人或者其他指定人员的签名或盖章；对外开出的原始凭证必须加盖本单位公章；从外部取得的原始凭证，必须盖有填制单位的公章；从个人取得的原始凭证，必须有填制人员的签名或盖章。

4）书写要清楚、规范。原始凭证要按规定填写，文字要简约，字迹要清楚、易于辨认，不得使用未经国务院公布的简化汉字。原始凭证金额的书写要求见实训项目二。

5）编号要连续。如果原始凭证已预先印定编号，在写错作废时，应加盖"作废"戳记，妥善保管，不得撕毁。

6）不得涂改、刮擦、挖补。原始凭证有错误的，应当由出具单位重开或更正，更正处应当加盖出具单位印章。原始凭证金额有错误的，应当由出具单位重开，不得在原始凭证上更正。

7）填制要及时。各种原始凭证一定要及时填写，并按规定的程序及时送交会计机构、会计人员进行审核。

五、实训操作

根据实训资料填写上述原始凭证。

实训项目四　识别会计科目

一、实训目标

能够正确识别会计科目。

二、实训要求

1）给定会计要素的具体内容，正确指出该会计要素属于的会计科目。

2）能够判断会计科目的类别（性质）。

三、实训资料

湘江暮云企业 2017 年 10 月开业。2018 年 4 月 30 日有关财产物资的存在形态和使用分布情况，以及来源渠道如下：

1）存放在财会部门保险柜的现金为 11 400 元。

2）存放在银行的各种款项为 460 000 元。

3）应付职工的各种薪酬为 12 830 元。

4）应收取职工个人的赔偿款为 436 元。

5）存放在材料仓库的各种材料为 350 000 元。

6）投资者投入资本为 1 630 000 元。

7）应交纳的各种税金为 3 830 元。

8）正在生产车间生产加工的在产品为 250 000 元。

9）房屋、建筑物及机器设备已损耗的价值为 176 604 元。

10）专利权价值为 180 000 元。

11）从银行借入 3 个月期的借款为 200 000 元。

12）各类房屋和建筑物及机器设备为 1 400 000 元。

13）因购买材料应支付的款项为 100 000 元。

14）因销售商品应收取的款项为 131 000 元。

15）提取的盈余公积为 310 300 元。

16）收取的押金为 7 000 元。

17）企业应支付给投资者的利润为 5 000 元。

18）存放在产成品仓库的各种产成品为 529 128 元。

19）企业已实现的净利润为 836 400 元。

20）应支付的利息为 30 000 元。

四、实训指导

对会计要素的具体内容进行分类核算的项目称为会计科目，简称科目。会计科目按其反映的经济内容不同，分为资产类科目、负债类科目、所有者权益类科目、成本类科目和损益类科目。

五、实训操作

根据实训资料填写会计科目识别表，如表 1-4-1 所示。

表 1-4-1　会计科目识别表

单位：元

序号	所属会计要素	金额	会计科目类别	会计科目名称
1				
2				
3				
4				
5				
6				
7				
8				
9				
10				
11				
12				
13				
14				
15				
16				
17				
18				
19				
20				

实训项目五 会计恒等式的运用

一、实训目标

能够分析不同经济业务类型对会计恒等式的影响。

二、实训要求

1）以某一时点的会计要素金额为起点，给出不同类型的经济业务，确定经济业务类型，计算经济业务发生后会计要素的变动金额。

2）根据会计要素变动后的金额，写出变动后要素间的关系式。

三、实训资料

长沙含光公司以 2017 年 12 月 31 日作为 2018 年经济业务的起点，下列资产负债表（简表）是该公司在这一时点上的财务状况，如表 1-5-1 所示。

表 1-5-1　资产负债表（简表）（1）

2017 年 12 月 31 日　　　　　　　　　　　　　　　　　　　单位：元

资产	金额	权益			
		负债	金额	所有者权益	金额
银行存款	400 000	短期借款	220 000	实收资本	600 000
应收账款	100 000	应付账款	100 000	盈余公积	200 000
原材料	100 000	应交税费	80 000		
库存商品	200 000				
固定资产	400 000				
合计	1 200 000	合计	400 000	合计	800 000

1）2018 年 1 月 3 日，长沙含光公司购入原材料一批，价款为 20 000 元（不考虑增值税），款项尚未支付。资产负债表（简表）如表 1-5-2 所示。

表 1-5-2 资产负债表（简表）（2）

2018 年 1 月 3 日 单位：元

资产	金额	权益			
		负债	金额	所有者权益	金额
银行存款		短期借款		实收资本	
应收账款		应付账款		盈余公积	
原材料		应交税费			
库存商品					
固定资产					
合计		合计		合计	

2）2018 年 1 月 8 日，长沙含光公司开出转账支票，以银行存款支付应交税费 30 000 元。资产负债表（简表）如表 1-5-3 所示。

表 1-5-3 资产负债表（简表）（3）

2018 年 1 月 8 日 单位：元

资产	金额	权益			
		负债	金额	所有者权益	金额
银行存款		短期借款		实收资本	
应收账款		应付账款		盈余公积	
原材料		应交税费			
库存商品					
固定资产					
合计		合计		合计	

3）2018 年 1 月 11 日，长沙含光公司收到应收账款 60 000 元存入银行。资产负债表（简表）如表 1-5-4 所示。

表 1-5-4 资产负债表（简表）（4）

2018 年 1 月 11 日 单位：元

资产	金额	权益			
		负债	金额	所有者权益	金额
银行存款		短期借款		实收资本	
应收账款		应付账款		盈余公积	
原材料		应交税费			
库存商品					
固定资产					
合计		合计		合计	

4）2018 年 1 月 15 日，长沙含光公司向银行借款 50 000 元直接偿付应付账款。资产负债表（简表）如表 1-5-5 所示。

表 1-5-5　资产负债表（简表）（5）

2018 年 1 月 15 日　　　　　　　　　　　　单位：元

资产	金额	权益			
		负债	金额	所有者权益	金额
银行存款		短期借款		实收资本	
应收账款		应付账款		盈余公积	
原材料		应交税费			
库存商品					
固定资产					
合计		合计		合计	

5）2018 年 1 月 16 日，由于某种原因，某投资方要求退股，长沙含光公司按规定办妥减资手续，退还该投资方 100 000 元的投资，以银行存款支付。资产负债表（简表）如表 1-5-6 所示。

表 1-5-6　资产负债表（简表）（6）

2018 年 1 月 16 日　　　　　　　　　　　　单位：元

资产	金额	权益			
		负债	金额	所有者权益	金额
银行存款		短期借款		实收资本	
应收账款		应付账款		盈余公积	
原材料		应交税费			
库存商品					
固定资产					
合计		合计		合计	

6）2018 年 1 月 19 日，长沙含光公司因业务发展需要决定增加资本，股东以设备投资，设备价值 150 000 元（不考虑税费），已办妥增资手续。资产负债表（简表）如表 1-5-7 所示。

表 1-5-7　资产负债表（简表）（7）

2018 年 1 月 19 日　　　　　　　　　　　　单位：元

资产	金额	权益			
		负债	金额	所有者权益	金额
银行存款		短期借款		实收资本	
应收账款		应付账款		盈余公积	
原材料		应交税费			

续表

资产	金额	权益			
		负债	金额	所有者权益	金额
库存商品					
固定资产					
合计		合计		合计	

7）2018 年 1 月 20 日，因扩大业务规模，长沙含光公司决定将盈余公积转增资本，金额为 60 000 元。资产负债表（简表）如表 1-5-8 所示。

表 1-5-8　资产负债表（简表）（8）

2018 年 1 月 20 日　　　　　　　　　　　　　　　　　单位：元

资产	金额	权益			
		负债	金额	所有者权益	金额
银行存款		短期借款		实收资本	
应收账款		应付账款		盈余公积	
原材料		应交税费			
库存商品					
固定资产					
合计		合计		合计	

8）2018 年 1 月 25 日，经股东大会决议，公司决定用盈余公积向股东分配现金股利 30 000 元（暂未发放）。资产负债表（简表）如表 1-5-9 所示。

表 1-5-9　资产负债表（简表）（9）

2018 年 1 月 25 日　　　　　　　　　　　　　　　　　单位：元

资产	金额	权益			
		负债	金额	所有者权益	金额
银行存款		短期借款		实收资本	
应收账款		应付账款		盈余公积	
原材料		应交税费			
库存商品					
固定资产					
合计		合计		合计	

9）2018 年 1 月 31 日，长沙含光公司与债权人达成协议，债权人同意将其债权转为对企业的投资，金额为 20 000 元。资产负债表（简表）如表 1-5-10 所示。

表 1-5-10　资产负债表（简表）（10）

2018 年 1 月 31 日　　　　　　　　　　　　　　　　　　　　　单位：元

资产	金额	权益			
		负债	金额	所有者权益	金额
银行存款		短期借款		实收资本	
应收账款		应付账款		盈余公积	
原材料		应交税费			
库存商品					
固定资产					
合计		合计		合计	

四、实训指导

1. 经济业务对"资产=权益"等式的影响

经济业务的发生引起"资产=权益"等式两边会计要素变动的方式，有以下 4 种类型。
① 资金流入企业，一项资产增加，一项权益增加，总额增加。
② 资金退出企业，一项资产减少，一项权益减少，总额减少。
③ 资金在资产内部转化，一项资产增加，一项资产减少，总额不变。
④ 资金在权益内部转化，一项权益增加，一项权益减少，总额不变。

2. 经济业务对"资产=负债+所有者权益"等式的影响

如果将权益分为负债和所有者权益两个会计要素，则经济业务对会计等式"资产=负债+所有者权益"的影响，可变为以下 9 种情况。
① 一项资产增加，一项负债等额增加。
② 一项资产减少，一项负债等额减少。
③ 一项资产增加，一项所有者权益等额增加。
④ 一项资产减少，一项所有者权益等额减少。
⑤ 一项资产增加，另一项资产等额减少。
⑥ 一项负债增加，另一项负债等额减少。
⑦ 一项所有者权益增加，另一项所有者权益等额减少。
⑧ 一项负债增加，一项所有者权益等额减少。
⑨ 一项所有者权益增加，一项负债等额减少。

五、实训操作

1）根据实训资料填写每个时点的资产负债表，如表 1-5-1～表 1-5-10 所示。

2）填写经济业务类型与会计要素金额变动表，如表 1-5-11 所示。

3）判断经济业务发生对会计等式是否有影响，是否破坏会计等式的平衡。

表 1-5-11　经济业务类型与会计要素金额变动表

时点	经济业务类型	资产	权益	
			负债	所有者权益
2017.12.31				
2018.1.3				
2018.1.8				
2018.1.11				
2018.1.15				
2018.1.16				
2018.1.19				
2018.1.20				
2018.1.25				
2018.1.31				

实训项目六　账户金额指标的计算

一、实训目标

能够根据账户的性质计算相关金额指标。

二、实训要求

1）给定不同性质账户的发生额和余额（不完整），登记"T"形账户。
2）能够熟练运用账户余额与发生额之间的关系式计算相关金额指标。

三、实训资料

光明企业 2018 年 1 月各账户余额和发生额计算表如表 1-6-1 所示。

表 1-6-1　账户余额和发生额计算表

单位：元

账户名称	期初余额		本期发生额		期末余额	
	借方	贷方	借方	贷方	借方	贷方
库存现金	950		4 360	（　）	960	
银行存款	2 690		28 510	7 460	（　）	
应收账款	2 060		（　）	18 400	0	
盈余公积		5 000	1 720	（　）		4 100
固定资产	（　）		5 000	0	10 400	
短期借款		（　）	12 000	10 000		0
应付账款		3 700	4 400	（　）		2 000
应付票据		（　）	4 000	2 600		3 600
实收资本		20 000	0	（　）		50 000

借方　　　　　　　　　　库存现金　　　　　　　　　　贷方

借方	银行存款	贷方

借方	应收账款	贷方

借方	盈余公积	贷方

借方	固定资产	贷方

借方	短期借款	贷方

借方	应付账款	贷方

借方	应付票据	贷方

借方	实收资本	贷方

四、实训指导

资产、成本、费用类账户借方登记增加额，贷方登记减少额；负债、所有者权益、收入类账户贷方登记增加额，借方登记减少额。账户的余额一般在账户记录增加的一方，资产类账户的借方表示增加，余额一般在借方；负债和所有者权益类账户的贷方表示增加，余额一般在贷方。上述两类账户的内部关系如下：

资产类账户期末余额=期初余额+本期借方发生额-本期贷方发生额
负债类账户期末余额=期初余额+本期贷方发生额-本期借方发生额

成本类账户和费用类账户结构与资产类账户的结构相同，所有者权益类账户和收入类账户结构与负债类账户的结构相同。

五、实训操作

根据实训资料登记"T"形账户，填写实训资料中账户余额和发生额计算表，如表1-6-1所示。

实训项目七　编制会计分录

一、实训目标

能够根据经济业务的描述，运用借贷记账法，正确编制会计分录。

二、实训要求

1）给定简单经济业务，分析经济业务类型。

2）根据经济业务编制会计分录。

三、实训资料

湘江暮云企业 2018 年 5 月发生如下经济业务。

1）1 日，从银行提取现金 5 000 元备用。

2）2 日，以银行存款支付上月应付中全公司的货款 15 000 元。

3）2 日，向银行申报为期 3 个月的临时周转借款金额 100 000 元，贷款已划入企业"银行存款"账户。

4）3 日，收回上月应收大为公司的销货款 30 000 元，存入银行。

5）4 日，业务员龙兴到上海出差，预借差旅费 1 400 元，用现金支付。

6）6 日，龙兴出差回来，报销差旅费 1 400 元。

7）6 日，企业为扩大生产规模，收到旺和公司投入的货币资金 300 000 元，已收妥入账。

8）7 日，生产车间为生产产品领用材料一批，金额为 20 000 元。

9）8 日，交纳税费 90 000 元，以银行存款支付。

10）10 日，用支票购买一项专利权 120 000 元，按 5 年摊销。

11）12 日，向天日公司购入材料一批，价款为 6 000 元，增值税专用发票上注明增值税 960 元，材料验收入库，货款通过银行存款支付。

12）15 日，收到国家投入的机器设备一台，价值 30 000 元，已交付使用。

13）17 日，以银行存款 20 000 元归还到期借款，该借款于 2017 年 11 月借入。

14）18 日，公司用盈余公积 32 000 元转增实收资本。

15）21 日，结转完工入库产品成本 12 000 元。

16）24 日，债权人同意将公司所欠货款 10 000 元转作对本公司的投资。

17）26 日，赊购材料，价款 10 000 元，增值税税额为 1 600 元，价税款将于下月支付。

18）30 日，用转账支票支付管理部门水电费 8 900 元。

四、实训指导

借贷记账法的记账规则为"有借必有贷，借贷必相等"，对于每一笔经济业务都要在两个或两个以上相互联系的账户中以借方和贷方相等的金额进行登记。

会计分录简称分录，是对每项经济业务列示应借、应贷的账户名称及金额的一种记录。会计分录由应借应贷方向、相互对应的账户名称（会计科目）及其金额 3 个要素构成。

五、实训操作

根据实训资料填写经济业务类型及会计分录表，如表 1-7-1 所示。

表 1-7-1　经济业务类型及会计分录表

序号	经济业务类型	会计分录
1		
2		
3		
4		
5		
6		
7		
8		
9		
10		

续表

序号	经济业务类型	会计分录
11		
12		
13		
14		
15		
16		
17		
18		

实训项目八　账户对应关系的运用

一、实训目标

能够根据会计分录中账户的对应关系，了解经济业务的内容。

二、实训要求

根据所给会计分录中账户的对应关系，说明经济业务的内容。

三、实训资料

青阳公司 2018 年 3 月编制如下会计分录。

```
1）借：银行存款                            150 000
        贷：短期借款                              150 000
2）借：应付账款                             20 000
        贷：银行存款                               20 000
3）借：库存现金                             30 000
        贷：银行存款                               30 000
4）借：盈余公积                             40 000
        贷：实收资本                               40 000
5）借：原材料                               26 000
        贷：银行存款                               20 000
            应付账款                                6 000
6）借：销售费用——广告费                      2 000
        贷：银行存款                                2 000
7）借：应收账款                            100 000
        贷：主营业务收入                          100 000
8）借：长期借款                            200 000
        贷：银行存款                              200 000
9）借：固定资产                            300 000
        贷：实收资本                              300 000
```

10）借：银行存款   10 000
　　　　贷：库存现金   10 000

四、实训指导

账户对应关系是指采用借贷记账法对每笔交易或事项进行记录时，相关账户之间形成的应借、应贷的相互关系。存在对应关系的账户称为对应账户。通过账户间的对应关系，可以了解每笔经济业务的内容，掌握经济业务的来龙去脉，检查经济业务的处理是否合理、合法。

五、实训操作

根据资料中账户的对应关系，将经济业务内容填入表 1-8-1 中。

表 1-8-1　经济业务内容描述表

序号	经济业务内容
1	
2	
3	
4	
5	
6	
7	
8	
9	
10	

实训项目九 试算平衡表的编制

一、实训目标

能够理解试算平衡的含义，掌握发生额试算平衡和余额试算平衡的平衡公式和平衡原理，能够正确编制试算平衡表。

二、实训要求

1）根据洋湖工厂 2018 年 9 月 1 日总账余额开设"T"形账户，并登记期初余额。
2）根据所给经济业务编制会计分录。
3）根据会计分录登记"T"形账户，结出各账户的本期发生额和余额。
4）根据总分类账户本期发生额和期末余额编制试算平衡表。

三、实训资料

洋湖工厂 2018 年 9 月 1 日各总分类账的期初余额如表 1-9-1 所示。

表 1-9-1 总分类账户期初余额表

单位：元

资产	余额	负债及所有者权益	余额
库存现金	3 800	应付账款	80 800
银行存款	112 200	短期借款	80 700
应收账款	20 000	应交税费	13 000
其他应收款	1 000	实收资本	3 147 500
原材料	97 000	利润分配	160 000
生产成本	94 000		
固定资产	3 750 000		
累计折旧	-596 000		
合计	3 482 000	合计	3 482 000

该厂 9 月发生下列经济业务：
1）业务员唐某暂借差旅费 3 000 元，用现金支付。

2）从海运工厂购入材料，货款为 80 000 元，增值税专用发票上注明的增值税税额为12 800 元，以银行存款支付 50%，其余尚未支付，材料验收入库。

3）生产产品领用原材料为 81 000 元。

4）销售产品 500 件，货款为 60 000 元，增值税税额为 9 600 元，款项尚未收到。

5）分配结转本月应付供电公司电费 7 000 元，其中生产甲产品耗用 5 500 元，车间耗用 1 000 元，行政管理部门耗用 500 元。

6）分配结转本月职工工资 40 000 元，其中生产产品工人工资 35 000 元，车间管理部门人员工资 1 700 元，行政管理部门人员工资 3 300 元。

7）计提本月固定资产折旧 15 500 元，其中生产车间计提折旧 10 000 元，行政管理部门计提折旧 5 500 元。

8）将本月发生的制造费用转入生产成本。

9）以银行存款归还短期借款 60 000 元。

10）将各损益类科目结转至"本年利润"账户。

四、实训指导

编制试算平衡表应注意如下事项。

1）必须保证所有账户的发生额和余额均已记入试算平衡表。

2）及时发现记账错误。如果试算平衡表借贷不相等，账户记录一定有错误，应认真查找，直到实现平衡为止。

3）发生额与余额试算平衡，不一定说明账户记录绝对正确。这是因为有些错误并不会影响借贷双方的平衡关系，如以下几种情况：

① 漏记某项经济业务，将使本期借贷双方的发生额等额减少，借贷仍然平衡。

② 重复记录某项经济业务，将使本期借贷双方的发生额等额虚增，借贷仍然平衡。

③ 某项经济业务记错有关账户，借贷仍然平衡。

④ 某项经济业务在账户记录中，记账方向颠倒，借贷仍然平衡。

⑤ 借方或贷方发生额中，偶然发生多记、少记并相互抵销，借贷仍然平衡。

五、实训操作

根据实训资料，完成会计分录的编制、"T"形账户的登记和试算平衡表的编制。

1）编制会计分录，填入表 1-9-2 中。

表 1-9-2　会计分录表

序号	会计分录
1	

续表

序号	会计分录
2	
3	
4	
5	
6	
7	
8	
9	
10	

2）登记"T"形账户（无期初数但本期有发生额的需要增设）。

借方	库存现金	贷方

借方	银行存款	贷方

借方	应收账款	贷方

借方	其他应收款	贷方

借方	原材料	贷方

借方	生产成本	贷方

借方	固定资产	贷方

借方	累计折旧	贷方

借方	应付账款	贷方

借方	短期借款	贷方

借方	应交税费	贷方

借方	实收资本	贷方

借方　　　　　　　利润分配　　　　　　　贷方

借方　　　　　　　　　　　　　　　　　　贷方

借方　　　　　　　　　　　　　　　　　　贷方

借方　　　　　　　　　　　　　　　　　　贷方

借方　　　　　　　　　　　　　　　　　　贷方

借方　　　　　　　　　　　　　　　　　　贷方

3）根据总分类账户编制试算平衡表，如表 1-9-3 所示。

表 1-9-3 试算平衡表

年   月   日   单位：元

科目名称	期初余额		本期发生额		期末余额	
	借方	贷方	借方	贷方	借方	贷方

实训项目十 通用记账凭证的填制

一、实训目标

能够根据原始凭证正确编制通用记账凭证。

二、实训要求

根据经济业务发生的原始凭证，编制通用记账凭证。

三、实训资料

实训资料如凭证 1-10-1 和凭证 1-10-2 所示。

凭证 1-10-1

收 料 单

发票号码：No49764412 编号：005

供应单位：长沙市丽阳工厂 收料仓库：原材料库

材料类别：钢材 2018 年 3 月 2 日 金额单位：元

材料/编号	物料名称	规格型号	单位	数量		实际成本					第三联 记账
				应收	实收	买价		运杂费	其他	合计	
						单价	金额				
钢材	不锈钢板材	Q235B	吨	20.00	20.00	3 000.00	60 000.00	0.00	0.00	60 000.00	
合计					20.00		¥60 000.00			¥60 000.00	

采购员：李明明 检验员：文灿 记账员：肖林 保管员：杨丽云

凭证 1-10-2

全国统一发票监制章 国家税务总局监制

湖南增值税专用发票

No05789306

此联不作报销、扣税凭证使用　　　　开票日期：2018 年 3 月 2 日

购货单位	名　　称：长沙市国美工厂 纳税人识别号：433027102184564412 地 址、电 话：芙蓉南路 41 号 0731-84636017 开户行及账号：中国工商银行中山支行 6224578908793523	密码区	67/*+3*0/611*++0/+0*/*+3+2/9 *11*+66666**066611*+66666* 1**+216***6000*261*2*4/*547 203994+-42*64151*6915361/3*

货物或应税劳务、服务名称	规格型号	单位	数量	单价	金额	税率	税额
不锈钢板材	Q235B	吨	20	3 000.00	60 000.00	16%	9 600.00
合　计					¥ 60 000.00		¥9 600.00
价税合计（大写）	人民币陆万玖仟陆佰元整				（小写）¥ 69 600.00		

销货单位	名　　称：长沙市丽阳工厂 纳税人识别号：430510984568984701 地 址、电 话：湘江东路 67 号 0731-84623908 开户行及账号：中国工商银行五一支行 62289911804200117	备注	长沙市丽阳工厂 430510984568984701 发票专用章

收款人：张峰　　复核：陈旦　　开票人：陈永　　销货单位：（章）

第三联 记账联 购货方记账凭证

注：假设该笔业务是长沙市国美工厂 2018 年 3 月的第 2 笔业务，公司制单人员为王艳。

四、实训指导

通用记账凭证适合所有的经济业务。其填制方法如下。

1）日期处填写编制本凭证的日期。

2）右上角“字第　号”处填写编制凭证的顺序号，按月连续编号。

3）“摘要”栏填写经济业务的简要说明。

4）“总账科目”“明细科目”分别填写经济业务发生后所涉及的全部一级科目名称及所属明细科目名称。

5）“借方金额”栏和“贷方金额”栏计算填写与会计科目及所属明细科目对应的应借或应贷的金额。

6）“合计”栏填写借方会计科目金额合计和贷方会计科目金额合计，二者应该相等。

7）“记账”栏用“√”表示已经入账。

8）“附件　张”填写该编号的记账凭证所依据的原始凭证的张数。

9）有关人员在最下方相应项目处签章，以明确经济责任。

五、实训操作

根据实训资料编制通用记账凭证。具体如凭证 1-10-3 所示。

凭证 1-10-3

记 账 凭 证

年　　月　　日　　　　　　　　　　　字第　　号

摘要	总账科目	明细科目	记账√	借方金额										记账√	贷方金额									
				千	百	十	万	千	百	十	元	角	分		千	百	十	万	千	百	十	元	角	分
合计																								

附件　张

会计主管：　　　　　记账：　　　　　　出纳：　　　　　　审核：　　　　　　制单：

实训项目十一　收款凭证的填制

一、实训目标

能够根据原始凭证正确填制收款凭证。

二、实训要求

根据经济业务发生的原始凭证，填制收款凭证。

三、实训资料

1）银行贷款申请书如凭证 1-11-1 所示。

凭证 1-11-1

银行贷款申请书

2018 年 5 月 26 日

企业名称	长沙市丽阳工厂	法人代表	杨天	企业性质	有限责任公司
地址	长沙市湘江东路 67 号	财务负责人	沈林	经营范围	生产销售产品
借款金额	捌拾万元整	借款用途	购买设备	备注	24 个月
借款期限	自 2018 年 5 月 30 日至 2020 年 5 月 30 日			年利率	4.75%

会计主管：沈林　　　　　　出纳：张峰　　　　　　审核：陈旦　　　　　　制单：张峰

2）贷款凭证（收账通知）如凭证 1-11-2 所示。

凭证 1-11-2

贷款凭证（收账通知）

2018 年 5 月 30 日

贷款名称	信用贷款	种类	长期贷款	贷款账号		1901004009024903102							
金额	人民币捌拾万元整			百	十	万	千	百	十	元	角	分	
				¥	8	0	0	0	0	0	0	0	
用途	购买设备	单位申请期限		2018 年 5 月 30 日至 2020 年 5 月 30 日									
		银行核定期限		2018 年 5 月 30 日至 2020 年 5 月 30 日									
银行签章（章）	2018 年 5 月 30 日			单位会计分录 收入　　　付出 复核　　　记账 主管　　　会计									

注：假设该笔业务是长沙市丽阳工厂 2018 年 5 月的第 84 笔收款业务，公司制单人员为肖林。

四、实训指导

收款凭证是用于记录现金和银行存款收款业务的记账凭证。其填制方法如下。

1）左上角的"借方科目"按收款的性质填写"库存现金"或"银行存款"。

2）日期处填写编制本凭证的日期。

3）右上角的"字第 号"处填写编制凭证的顺序号，如现金收款业务，填写"现收字第 1 号""现收字第 2 号"等；银行存款收款业务，填写"银收字第 1 号""银收字第 2 号"等；也可按本期全部收款凭证顺序填写"收字第 1 号""收字第 2 号"等。各类凭证应顺延编号，按月编制。

4）"摘要"栏填写经济业务的简要说明。

5）在"贷方科目"下的"总账科目""明细科目"分别填写与借方科目（"库存现金"或"银行存款"）相对应的一级科目及其所属明细科目。

6）"金额"栏相对应的行次填写贷方一级科目及其所属明细科目的金额。

7）"合计"栏金额填写各发生额的合计数。

8）"记账"栏用"√"表示已经入账。

9）"附件 张"填写该编号的记账凭证所依据的原始凭证的张数。

10）有关人员在最下方相应处签章，以明确经济责任。

五、实训操作

根据实训资料填写收款凭证（凭证 1-11-3）。

凭证 1-11-3

收 款 凭 证

借方科目：　　　　　　　　　　　　　　　　　　年　月　日　　　　　　　　　　　　　字第　号

摘要	贷方科目		金额										记账√	
	总账科目	明细科目	亿	千	百	十	万	千	百	十	元	角	分	
	合计													

会计主管：　　　　记账：　　　　出纳：　　　　审核：　　　　制单：

附件　张

实训项目十二　付款凭证的填制

一、实训目标

能够根据原始凭证正确填制付款凭证。

二、实训要求

根据经济业务发生的原始凭证，填制付款凭证。

三、实训资料

实训资料如凭证 1-12-1～凭证 1-12-3 所示。

凭证 1-12-1

湖南增值税专用发票　　　No.00902663

开票日期：2018 年 6 月 1 日

购货单位	名　　　称：湖南春风百货公司 纳税人识别号：430875214563112135 地址、电话：株洲新城荷园区大飘路　0733-88222114 开户行及账号：中国工商银行车城支行　9005600589400350405					密码区	67/*+3*0/611*++0/+0*/*+3+2/9 *11*+66666**066611*+66666* 1**+216***6000*261*2*4/*547 203994+-42*64151*6915361/3*	
货物或应税劳务、服务名称	规格型号	单位	数量	单价	金额	税率		税额
棉麻被套	200×215	套	100.00	300.00	30 000.00	16%		4 800.00
合　计					￥30 000.00			￥4 800.00
价税合计（大写）	人民币叁万肆仟捌佰元整				（小写）￥34 800.00			
销货单位	名　　　称：湖南沙湾纺织厂 纳税人识别号：420101021386522007 地址、电话：长沙市沙湾路 121 号 0731-84656124 开户行及账号：中国工商银行沙湾路支行　9026723145212410212					备注	湖南沙湾纺织厂 420101021386522007 发票专用章	

收款人：陈小冬　　　复核：张阳　　　开票人：李满仓　　　　　　销货单位：（章）

第三联　发票联　购货方记账凭证

凭证 1-12-2

入　库　单　　No0125

送货厂商：湖南沙湾纺织厂

物料类别：☐ 原料　☑ 成品　☐ 其他　　　　　　　　2018 年 6 月 2 日

品牌/牌号	订单号	规格	数量	单位	单价	金额
棉麻被套	2411002 号	200×215	100	套	300.00	30 000.00
合计			100			￥30 000.00

主管：李玟　　　　　品管：张大伟　　　　　　　仓库：王庆　　　　　送货人：蔡红霞

凭证 1-12-3

中国工商银行信汇凭证（回单）　　1

委托日期：2018 年 6 月 2 日

汇款人	全称	湖南春风百货公司	收款人	全称	湖南沙湾纺织厂
	账号	9005600589400350405		账号	9026723145212410212
	汇出地点	湖南省株洲市/县		汇入地点	湖南省长沙市/县

汇出行名称	中国工商银行车城支行	汇入行名称	中国工商银行沙湾路支行

金额	人民币（大写）	叁万肆仟捌佰元整	亿	千	百	十	万	千	百	十	元	角	分
							￥ 3	4	8	0	0	0	0

中国工商银行
车城支行
2018.6.2
受理凭证章
付款

支付密码　******

附加信息及用途：

汇款行签章　　　　　　　　复核　　　　　　　　记账

注：假设该笔业务是湖南春风百货公司 2018 年 6 月的第 5 笔付款业务，公司制单人员为贺宇阳。

第二联　交财务部

此联是汇出行给汇款人的回单

四、实训指导

付款凭证是用于记录现金和银行存款减少业务的记账凭证。其填制方法如下。

1）左上角的贷方科目填写"库存现金"或"银行存款"。

2）日期处填写编制本凭证的日期。

3）右上角"字第 号"处填写编制凭证的顺序号，如现金付款业务，填写"现付字第1号""现付字第2号"等；银行存款付款业务，填写"银付字第1号""银付字第2号"等；也可按本期全部付款凭证顺序填写"付字第1号""付字第2号"等。各类凭证应顺延编号，按月编制。

4）"摘要"栏填写经济业务的简要说明。

5）在"借方科目"下的"总账科目""明细科目"分别填写与贷方科目（"库存现金"和"银行存款"）相对应的总账科目及其所属明细科目。

6）"金额"栏相对应的行次填写借方一级科目及其所属明细科目的金额。

7）"合计"栏金额填写各发生额的合计数。

8）"记账"栏用"√"表示已经入账。

9）"附件 张"填写该编号的记账凭证所依据的原始凭证的张数。

10）有关人员在最下方相应处签章，以明确经济责任。

五、实训操作

根据实训资料填写付款凭证，如凭证1-12-4所示。

凭证1-12-4

付 款 凭 证

贷方科目：　　　　　　　　　　　　　　　年　月　日　　　　　　　　　　字第　号

摘要	借方科目		金额										记账√
	总账科目	明细科目	亿	千	百	十	万	千	百	十	元	角	分	
	合计													

附件 张

会计主管：　　　　记账：　　　　出纳：　　　　审核：　　　　制单：

实训项目十三　转账凭证的填制

一、实训目标

能够根据原始凭证正确编制转账凭证。

二、实训要求

根据经济业务发生的原始凭证，编制转账凭证。

三、实训资料

实训资料如凭证 1-13-1 所示。

凭证 1-13-1

领　料　单

仓库：材料仓库　　　　　　　　　　2018 年 6 月 11 日　　　　　　　　　领料单编号：18

金额单位：元

编号	类别	物料名称	规格	单位	数量		实际价格	
					请领	实发	单价	金额
02 号	原材料	不锈钢板材	Q235B	吨	2	2	3 000.00	6 000.00
合计						2		￥6 000.00
用途		生产不锈钢橱柜领用			领料部门		发料部门	
					负责人	领料人	核准人	发料人
					王明	毛玲华	张庆	朱君

第三联　交财务记账

注：假设该笔业务是恢宏不锈钢门窗厂 2018 年 6 月的第 25 笔转账业务，公司制单人员为刘春阳。

四、实训指导

转账凭证用于记录与"库存现金"及"银行存款"账户无关的经济业务。其填制方法如下。

1）日期处填写编制本转账凭证的日期。

2）右上角的"字第 号"处填写编制凭证的顺序号"转字第 1 号""转字第 2 号"等，按月编号。

3）"摘要"栏填写经济业务的简要说明。

4）"总账科目""明细科目"分别填写经济业务发生后所涉及的全部一级科目名称及所属明细科目名称。

5）"借方金额"栏和"贷方金额"栏计算填写与会计科目及其所属明细科目对应的应借或应贷的金额。

6）"合计"栏填写借方会计科目金额合计和贷方会计科目金额合计，二者应该相等。

7）"记账"栏用"√"表示已经入账。

8）"附件 张"填写该编号的记账凭证所依据的原始凭证的张数。

9）有关人员在最下方相应处签章，以明确经济责任。

五、实训操作

根据实训资料编制转账凭证，如凭证 1-13-2 所示。

凭证 1-13-2

转 账 凭 证

年 月 日 字第 号

摘要	总账科目	明细科目	借方金额											贷方金额											记账
			亿	千	百	十	万	千	百	十	元	角	分	亿	千	百	十	万	千	百	十	元	角	分	√
	合计																								

附件

张

会计主管： 记账： 复核： 制单：

实训项目十四　会计处理基础

一、实训目标

能够正确运用权责发生制和收付实现制计算企业在某一会计期间的收入和费用。

二、实训要求

1）给定某会计期间发生的经济业务，分别判断收付实现制和权责发生制下的收入和费用金额。

2）分别计算收付实现制和权责发生制下的利润。

三、实训资料

湘江暮云企业 2018 年 6 月发生部分经济业务如下。

1）销售产品一批，货款共计 100 000 元，增值税税率为 16%，价税款已收回 50%，余款下个月收回。

2）用银行存款 36 000 元支付下半年的报刊费。

3）收到 5 月销售产品的货款 50 000 元，增值税税额为 8 000 元，存入银行。

4）预提本月短期借款利息 3 000 元。

5）收取上半年出租房屋的租金 60 000 元，存入银行。

6）1 月一次性支付上半年房屋租金 9 000 元，本月予以摊销。

7）以银行存款支付上月水电费 4 000 元。

8）预收青山公司购货订金 10 000 元，存入银行。

9）支付银行借款利息 30 000 元，其中 20 000 元已计提。

10）本期发生业务招待费 5 000 元，款项尚未支付。

四、实训指导

会计处理基础是确定会计业务的出发点，是在确认和处理一定会计期间的收入和费用时，选择的处理原则和标准。会计处理基础有收付实现制和权责发生制两种。在收付实现制下，本期实际收到款项的收入和付出款项的费用，不论款项是否属于本期，只要在本期实际收付，即作为本期的收入和费用。在权责发生制下，凡属于本期的收入和费用，不论其是否收到或支付，均要计入本期；凡不属于本期的收入、费用，即使在本期收到或支付，也不计入本期。

五、实训操作

根据实训资料填写收入费用利润计算表,如表 1-14-1 所示。

表 1-14-1　收入费用利润计算表

单位:元

序号	收付实现制		权责发生制	
	收入金额	费用金额	收入金额	费用金额
1				
2				
3				
4				
5				
6				
7				
8				
9				
10				
本期利润				

实训项目十五 主要经济业务的核算

一、实训目标

根据经济业务的描述，运用借贷记账法，熟练编制主要经济业务的会计分录。

二、实训要求

给定企业筹集资金业务、供应过程业务、生产过程业务、销售过程业务、利润形成与分配过程业务，根据经济业务编制会计分录。

三、实训资料

【资料1】长沙含光公司发生的经济业务如表1-15-1～表1-15-5所示。

表1-15-1 资金筹集

经济业务	会计分录
1）收到成华公司以专利权向本公司的投资，双方确认价值为100 000元	
2）从银行取得两年期的借款500 000元，存入银行	
3）由于临时需要，从银行取得3个月期的借款40 000元，存入银行	
4）收到株洲盛云公司投入的货币资金200 000元，存入银行	
5）用银行存款归还已到期的短期借款50 000元	
6）计提本月短期借款利息650元	
7）用银行存款支付上月已计提的借款利息850元	

经济业务	会计分录
8）用银行存款归还短期借款本金 100 000 元，利息为 6 000 元，其中 4 000 元已计提	

表 1-15-2　供应过程

经济业务	会计分录
1）以银行存款购入材料，价款为 80 000 元，增值税税额为 12 800 元，材料已验收入库	
2）从 A 公司购入材料，价款为 250 000 元，增值税税额为 40 000 元，材料已验收入库，货款尚未支付	
3）以银行存款从 B 公司购入材料，价款为 150 000 元，增值税税额为 24 000 元，运费为 500 元，运费可以抵扣的进项税额为 50 元，材料尚未验收入库	
4）以银行存款偿还从 A 公司购入材料的价税款	
5）从 B 公司购入的材料验收入库	
6）按合同预付给 C 公司订购材料款 50 000 元，用银行存款支付	
7）收到 C 公司发来的材料已验收入库，增值税专用发票上注明价款为 50 000 元，增值税税额为 8 000 元	
8）用银行存款补付给 C 公司购料款 8 000 元	

表 1-15-3　生产过程

经济业务	会计分录
1）领用原材料价值为 36 000 元，其中，A 产品耗用 18 000 元，B 产品耗用 12 000 元，车间一般耗用 4 000 元，厂部耗用 2 000 元	
2）分配本月工资共 26 000 元，其中，A 产品生产工人工资 12 000 元，B 产品生产工人工资 8 000 元，车间管理人员工资 2 000 元，企业管理人员工资 4 000 元	

经济业务	会计分录
3）计提本月固定资产折旧 20 000 元，其中，车间固定资产折旧 14 000 元，厂部固定资产折旧 6 000 元	
4）以银行存款支付水电费 14 000 元，其中，A 产品耗用 6 000 元，B 产品耗用 4 000 元，车间一般耗用 1 000 元，厂部耗用 3 000 元	
5）以银行存款购入厂部办公用品 1 020 元，车间办公用品 1 360 元，直接投入使用	
6）王经理到外市开会，预借差旅费 5 000 元，以现金支票支付	
7）王经理出差返回，报销差旅费 6 300 元，企业补付现金 1 300 元	
8）签发现金支票，从银行提取现金 26 000 元，作为备发工资	
9）以现金发放职工工资 26 000 元	
10）归集本月发生的制造费用总额（只写计算过程）	
11）按生产工人工资比例分配本月制造费用（只写计算过程）	
12）将本月发生的制造费用结转至"产品成本"账户	
13）假设本期产品全部完工（无期初在产品和期末在产品），计算本月完工产品成本（只写计算过程）	
14）本月完工 A 产品 400 件，B 产品 200 件，计算 A 产品和 B 产品的单位成本（只写计算过程）	
15）结转本月完工产品成本	

表 1-15-4　销售过程

经济业务	会计分录
1）销售 A 产品一批，价款为 350 000 元，增值税税额为 56 000 元，货款已存入银行	
2）向晨光公司销售 B 产品一批，价款为 250 000 元，增值税税额为 40 000 元，货款尚未收回	
3）按合同预收大宇公司购货款 200 000 元，存入银行	
4）向大宇公司销售 A 产品，价款为 250 000 元，增值税税额为 40 000 元，余款尚未收到	
5）收到大宇公司补付的货款 90 000 元存入银行	
6）销售多余材料一批，价款为 10 000 元，增值税税额为 1 600 元，款项收到存入银行	
7）结转本期销售 A 产品的成本为 420 000 元，销售 B 产品的成本为 190 000 元	
8）结转本期销售材料成本 8 000 元	
9）以现金支付销售产品的运费 120 元，包装费 180 元。开出转账支票支付产品广告费 2 000 元	
10）计提本月应交的销售税金 3 000 元	

表 1-15-5　利润形成与分配

经济业务	会计分录
1）取得罚款收入现金 50 元	
2）以银行存款向灾区捐赠 10 000 元	

续表

经济业务	会计分录
3）以银行存款向工商局交纳违法经营罚款 1 000 元	
4）将确实无法支付的应付账款 1 900 元转入"营业外收入"账户	
5）用银行存款交纳上月应交所得税 50 000 元	
6）结转损益类收入账户的余额，其中，主营业务收入 210 000 元，其他业务收入 6 000 元，营业外收入 1 950 元	
7）结转损益类费用账户的余额，其中，主营业务成本 150 000 元，其他业务成本 1 200 元，销售费用 3 800 元，管理费用 7 100 元，财务费用 1 285 元，资产减值损失 480 元，税金及附加 978 元，营业外支出 11 000 元	
8）按本年实现利润总额的 25%计算并结转应交所得税	
9）年末，结转全年实现的净利润 31 580.25 元	
10）年末，按全年净利润的 10%提取盈余公积	
11）经公司研究决定向投资者分配利润 200 000 元	
12）收到中虹公司分来的投资利润 30 000 元，存入银行	
13）用银行存款支付投资者利润 200 000 元	

【资料2】长沙顺阳工厂 2018 年 6 月发生的经济业务如表 1-15-6 所示。

表 1-15-6　2018 年 6 月经济业务

经济业务	会计分录
1）3 日，收到外单位投资 150 000 元存入银行	

经济业务	会计分录
2）3 日，从青阳工厂购进甲材料 15 000 元，增值税专用发票所列单价为 5 元，增值税税率为 16%。青阳工厂代垫运费 1 500 元，增值税税率为 10%。全部款项以银行存款支付，材料尚未运到	
3）4 日，生产 A 产品领用甲材料 6 000 元，领用乙材料 8 000 元，领用丙材料 4 000 元。生产 B 产品领用甲材料 5 000 元，领用乙材料 4 000 元，领用丙材料 6 000 元。车间一般耗用甲材料 500 元，乙材料 900 元，丙材料 600 元。厂部耗用甲材料 200 元，乙材料 500 元，丙材料 300 元	
4）5 日，用银行存款支付本月财产保险费 3 600 元	
5）5 日，销售给长城公司 A 产品 450 件，每件售价为 260 元，B 产品 260 件，每件售价为 265 元；增值税税率为 16%。全部价税款收到并存入银行	
6）6 日，收到从青阳工厂购进的甲材料并验收入库	
7）6 日，从银行提取现金 80 000 元，准备发放本月工资	
8）6 日，用现金发放本月工资 80 000 元	
9）8 日，从湘江工厂购进乙材料 20 吨，增值税专用发票所列单价为 1 800 元，增值税税率为 16%。湘江工厂代垫运费 2 000 元，增值税税率为 10%。全部款项尚未支付，材料未到达	
10）8 日，以银行存款支付广告费 2 000 元	
11）8 日，根据合同规定，预收正大公司购买 B 产品的价款 25 000 元，存入银行	
12）9 日，收到运红公司投入设备一台，价值 65 000 元，投入专利权价值 200 000 元，未取得增值税专用发票	
13）10 日，从银行取得 3 个月期的借款 100 000 元，存入银行	
14）10 日，车间购买修理用材料总额为 800 元，增值税专用发票上注明增值税税额为 128 元，以银行存款支付	

经济业务	会计分录
15）12 日，以现金 350 元购买厂部办公用品	
16）14 日，以现金 200 元购买车间办公用品	
17）15 日，从银行取得期限为 3 个月的短期借款 200 000 元存入银行	
18）15 日，以银行存款偿还湘江工厂全部款项	
19）16 日，从湘江工厂购进的乙材料已运达，并验收入库	
20）18 日，销售给正大公司 B 产品 400 件，每件售价为 265 元，增值税税率为 16%，款项已预收	
21）19 日，以银行存款支付汇兑手续费 500 元	
22）20 日，销售给长城公司 A 产品 100 件，每件售价为 260 元，增值税税率为 16%，价税款尚未收到	
23）20 日，以现金预付采购员张明差旅费 800 元	
24）20 日，从新华工厂购进丙材料 8 000 千克，增值税专用发票所列单价为 7 元，增值税税率为 16%。供货方代垫运费 2 400 元及运费的增值税税额为 240 元。价税款尚未支付	
25）22 日，经批准，将资本公积 50 000 元转增资本	
26）24 日，张明出差归来，报销差旅费 800 元	
27）25 日，收到长城公司 20 日购买 A 产品的价税款并存入银行	

经济业务	会计分录
28）25 日，销售给正大公司多余材料 3 000 千克，每千克售价为 18 元，增值税税率为 16%。款项已收到并存入银行	
29）25 日，结转销售材料成本 40 000 元	
30）27 日，以银行存款支付产品销售包装费 1 000 元	
31）28 日，按合同约定，为购买丙材料以银行存款 15 000 元预付新华工厂货款	
32）30 日，从新华工厂预订的丙材料运到，增值税专用发票上注明货款为 10 000 元，增值税税额为 1 600 元，供货方代垫运费 500 元及运费的增值税税额为 50 元。余款双方以银行存款结清	
33）30 日，将盈余公积 50 000 元转增资本	
34）30 日，计提本月固定资产折旧 30 000 元，其中，生产车间固定资产折旧 20 000 元，企业行政管理部门固定资产折旧 10 000 元	
35）30 日，计提本月应负担的短期借款利息 4 000 元	
36）30 日，分配本月职工薪酬 91 200 元，其中，生产工人薪酬 77 520 元（用于 A 产品生产的工人薪酬 47 880 元，用于 B 产品生产的工人薪酬 29 640 元），车间管理人员薪酬 4 560 元，企业行政管理部门人员薪酬 9 120 元	
37）结转本月制造费用，其中 A 产品为 60%，B 产品为 40%	
38）30 日，结转本月完工产品成本，其中，A 产品 480 件，每件制造成本为 171.70 元；B 产品 280 件，每件制造成本为 198.80 元	
39）30 日，结转本月已销产品的生产成本。其中，A 产品每件为 171.70 元，B 产品每件为 198.80 元	
40）30 日，以银行存款 1 050 元捐赠给某公益部门	

续表

经济业务	会计分录
41）30 日，按规定计提城市维护建设税 2 309.29 元，教育费附加 989.91 元	
42）30 日，将确实无法支付的应付账款 5 800 元转入"营业外收入"账户	
43）30 日，企业因对外投资收到其他单位分来的股利 28 000 元存入银行	
44）30 日，结转本月损益类收入账户	
45）30 日，结转本月损益类费用账户	
46）计算本月应交的所得税。所得税税率按 25%计算	
47）将所得税费用转入"本年利润"账户	

四、实训指导

工业企业的资金运动可分为资金的投入、资金的循环与周转、资金的退出 3 个基本环节。

资金的投入是单位取得资金的过程，即企业筹集资金的核算是资金运动的起点。资金的循环与周转是指资金的运动过程。企业获得资金后，进入供应过程（也称采购过程），企业需要购买各种材料，因此发生的运输费、装卸费等材料采购成本也计入该过程。在生产过程中，企业通过消耗原材料、发生工资费用、固定资产折旧费用等，制造出产品。企业将产品在销售过程中卖出，转化为货币资金，即分别对应采购过程的核算、产品生产过程的核算、销售过程的核算。资金的退出是指资金离开本单位，退出本单位的循环与周转，是资金运动的终点，主要包括偿还各种债务、依法缴纳各种税费，以及向所有者分配利润等。

企业主要经济业务的核算就是针对上述资金运动中相关经济业务进行的核算。

五、实训操作

根据资料 1 和资料 2，分别编制会计分录，填入表 1-15-1～表 1-15-6 中。

实训项目十六　库存现金日记账的登记

一、实训目标

能够根据经济业务正确登记三栏式库存现金日记账。

二、实训要求

1）根据提供的现金收付业务编制收付款凭证（自备记账凭证或以会计分录替代）。

2）登记三栏式库存现金日记账并进行期末结账。

三、实训资料

长沙成嘉服装厂属于增值税一般纳税人，2018 年 1 月 1 日，"库存现金"账户期初余额为 5 000 元（核定的库存现金限额）。2018 年 1 月发生下列现金收付业务。

1）1 月 2 日，行政科以现金购买办公用品 300 元。

2）1 月 5 日，销售科业务员张强报销电话费 200 元，用现金支付。

3）1 月 8 日，生产车间购买劳保用品 500 元，用现金支付。

4）1 月 10 日，王义预借差旅费 1 500 元，用现金支付。

5）1 月 12 日，从银行提取现金 2 000 元备用。

6）1 月 15 日，王义出差回来，报销差旅费 1 240 元，多余款项收回现金。

7）1 月 20 日，以现金支付业务招待费 960 元。

8）1 月 22 日，提取现金 1 000 元，以备零用。

9）1 月 23 日，用现金 800 元支付前欠个体户黄山购货款。

10）1 月 24 日，行政科报销门窗修理费 280 元，用现金支付。

11）1 月 25 日，提取现金 9 000 元，准备发放工资。

12）1 月 25 日，以现金 9 000 元发放职工工资。

13）1 月 27 日，当天清点现金发生短缺 150 元，原因待查。

14）1 月 29 日，办公室购买文印纸 450 元，以现金支付。

15）1 月 31 日，查明现金短缺是出纳员工作失误，多付款所致，由其赔偿。

四、实训指导

现金日记账是用来核算和监督库存现金每日的收入、支出和结存情况的账簿，其格式有三栏式和多栏式两种，我国现金日记账一般采用三栏式。无论是采用三栏式还是多栏式现金日记账，都必须使用订本账。

现金日记账由出纳人员根据现金收款凭证、现金付款凭证和银行存款付款凭证，按时间顺序逐日逐笔进行登记，根据"上日余额+本日收入-本日支出=本日余额"的计算公式，逐日结出现金余额，并与库存现金实存数核对，以检查每日现金收付是否有误。

五、实训操作

1）根据上述经济业务编制记账凭证（按现收字、现付字、银付字、转字对记账凭证编号），以会计分录代替记账凭证，将会计分录填入记账凭证编号及会计分录表中，如表 1-16-1 所示。

表 1-16-1　记账凭证编号及会计分录表

序号	凭证编号	会计分录
1		
2		
3		
4		
5		
6		
7		
8		
9		

续表

序号	凭证编号	会计分录
10		
11		
12		
13		
14		
15		

2）登记现金日记账，如表 1-16-2 所示。

表 1-16-2　现金日记账

年		凭证编号	摘要	对应科目	借方									√	贷方									√	余额								
月	日				百	十	万	千	百	十	元	角	分		百	十	万	千	百	十	元	角	分		百	十	万	千	百	十	元	角	分

实训项目十七　银行存款日记账的登记

一、实训目标

能够根据经济业务正确登记三栏式银行存款日记账。

二、实训要求

1）根据提供的银行存款收付业务编制收付款凭证（自备记账凭证或以会计分录替代）。

2）登记三栏式银行存款日记账并进行期末结账。

三、实训资料

长沙成嘉服装厂 2018 年 2 月 1 日，"银行存款"账户期初余额为 320 000 元。2018 年 2 月发生下列银行存款收付业务。

1）2 月 5 日，销售给宁乡中山服装店男式夹克 500 件，单位售价为 180 元，开出的增值税专用发票注明增值税税率为 16%，增值税税额为 14 400 元。收到转账支票一张（票号为 045）存入银行。

2）2 月 6 日，采购员刘明出差预借差旅费 2 000 元，开出现金支票（票号为 023）支付。

3）2 月 8 日，上交上月增值税税额为 30 000 元，对方通过委托收款方式由银行转账收取。

4）2 月 9 日，出纳员到开户行购买转账支票一本，共 30 元，用银行存款支付。

5）2 月 10 日，开出转账支票（票号为 011）支付前欠河西制衣厂货款 20 000 元。

6）2 月 16 日，收到第二百货商店开来的支票（票号为 029），金额为 45 900 元，已办理银行进账。该款项系商店前欠的货款。

7）2 月 18 日，开出现金支票 2 000 元（票号为 024），以备零用。

8）2 月 20 日，生产车间购买办公用品 680 元，开出转账支票（票号为 012）支付。

9）2 月 23 日，红光服装厂以汇兑方式预付长沙成嘉服装厂购货款 10 000 元，已收到银行的收账通知。

10）2 月 25 日，支付水电费 1 000 元，其中，生产车间水电费 800 元，公司管理部门水电费 200 元，以转账支票（票号为 013）支付。

11）2月26日，购买布料，取得增值税专用发票，注明价款为50 000元，增值税税额为8 000元，全部款项开出转账支票（票号为014）支付。

12）2月27日，收到星沙贸易公司汇入的前欠货款39 000元存入银行。

13）2月27日，以银行存款归还本月到期的短期借款40 000元。

14）2月28日，通过银行转账形式发放职工工资10 600元。

15）2月28日，从东发工厂购买机器备件15 000元，增值税税额为2 400元。开出转账支票结算（票号为015）。

16）2月28日，销售科购买办公用品500元，开出转账支票（票号为016）支付。

四、实训指导

银行存款日记账的格式和登记方法与现金日记账大致相同，既可以采用三栏式，也可以采用多栏式。我国银行存款日记账一般采用三栏式。

银行存款日记账应由出纳人员根据审核无误的银行存款收款凭证、银行存款付款凭证和现金付款凭证，按经济业务发生时间的先后顺序，逐日逐笔进行登记，每日结出存款余额。月终，应结算出银行存款全月收入、支出的合计数，并结出月末余额，然后与开户银行对账。

五、实训操作

1）根据上述经济业务编制记账凭证（按银收字、银付字、现收字、现付字、转字对记账凭证进行编号），以会计分录代替记账凭证，将会计分录填入记账凭证编号及会计分录表中，如表1-17-1所示。

表1-17-1 记账凭证编号及会计分录表

序号	凭证编号	会计分录
1		
2		
3		
4		

续表

序号	凭证编号	会计分录
5		
6		
7		
8		
9		
10		
11		
12		
13		
14		
15		
16		

2）登记银行存款日记账，如表 1-17-2 所示。

表 1-17-2　银行存款日记账

年		凭证编号	摘要	结算凭证		借方									√	贷方									√	余额									
月	日			种类	号数	千	百	十	万	千	百	十	元	角	分		千	百	十	万	千	百	十	元	角	分		千	百	十	万	千	百	十	元	角	分

实训项目十八　三栏式明细分类账的登记

一、实训目标

能够正确登记三栏式明细分类账并结账。

二、实训要求

1）根据提供的经济业务编制记账凭证（自备记账凭证或以会计分录替代）。

2）登记"应收账款""应付账款"三栏式明细分类账。

3）期末结账。

三、实训资料

长沙嘉美服装厂为增值税一般纳税人，2018 年 5 月 1 日的"应付账款——广州南郊贸易公司"账户余额为 50 000 元，"应收账款——浏阳服饰公司"账户余额为 100 000 元。

2018 年 5 月发生的部分经济业务如下。

1）5 日，从广州南郊贸易公司购买女装面料 10 000 米，单价为 28 元，增值税专用发票上注明价款为 280 000 元，增值税税额为 44 800 元，款项未付，材料验收入库。

2）6 日，与浏阳服饰公司签订购销合同，销售男士纯棉 T 恤 500 件，每件售价为 80元，开出增值税专用发票，价款为 40 000 元，增值税税额为 6 400 元，价税款尚未收到。

3）8 日，用汇兑方式支付前欠广州南郊贸易公司货款 50 000 元。

4）10 日，收到浏阳服饰公司归还前欠货款 80 000 元存入银行。

5）12 日，从广州南郊贸易公司购进 5 000 米男装面料，单价为 22 元，增值税专用发票上注明价款为 110 000 元，增值税税额为 17 600，价税款尚未支付。长沙嘉美服装厂用现金支付材料运费 800 元，运费取得增值税专用发票。材料验收入库。

6）16 日，开出转账支票支付 12 日购买材料的款项。

7）18 日，与浏阳服饰公司签订购销合同，销售女士真丝连衣裙 500 件，每件售价为200 元，开出增值税专用发票，价款为 100 000 元，增值税税额为 16 000 元，另用现金代垫运费 500 元和运费应负担的增值税税款 50 元。所有款项尚未收到。

8）25 日，收到浏阳服饰公司转来的 18 日购买商品的货款并存入银行。

9）31 日，从广州南郊贸易公司采购女装面料 8 000 米，单价为 28 元，增值税税额为35 840 元；采购男装面料 5 000 米，单价为 20 元；增值税税额为 16 000 元，销售方代垫运输费用 1 000 元，增值税税额为 100 元。所有款项未付，材料验收入库。

四、实训指导

三栏式明细分类账设有"借方"、"贷方"和"余额"3 个栏目,适用于只进行金额核算的账户,如"应收账款""应付账款""短期借款""实收资本"等账户的明细分类账。

"应收账款""预收账款"明细分类账按购货或接受劳务的单位设置;"预付账款""应付账款"明细分类账按供应单位名称设置;"短期借款""长期借款"明细分类账按债权人、借款种类设置,并应注明借入和归还日期;"应交税费"明细分类账按种类设置;"实收资本"明细分类账按投资人设置。

五、实训操作

1)根据实训资料编制通用记账凭证,以会计分录代替记账凭证,记账凭证编号省略,将会计分录填入会计分录表中,如表 1-18-1 所示。

表 1-18-1　会计分录表

序号	会计分录
1	
2	
3	
4	
5	
6	
7	
8	
9	

2）据以登记"应付账款""应收账款"三栏式明细分类账（表 1-18-2 和表 1-18-3）并结账。

表 1-18-2　"应付账款"三栏式明细分类账

本账页数			
本户页数			

一级科目_____

子目或户名_____

年		凭证编号	摘要	对方科目	借方										贷方										借或贷	余额									
月	日				亿	千	百	十	万	千	百	十	元	角	分	亿	千	百	十	万	千	百	十	元	角	分		亿	千	百	十	万	千	百	十	元	角	分

表 1-18-3　"应收账款"三栏式明细分类账

本账页数			
本户页数			

一级科目_____

子目或户名_____

年		凭证编号	摘要	对方科目	借方										贷方										借或贷	余额									
月	日				亿	千	百	十	万	千	百	十	元	角	分	亿	千	百	十	万	千	百	十	元	角	分		亿	千	百	十	万	千	百	十	元	角	分

实训项目十九 数量金额式明细分类账的登记

一、实训目标

能够正确登记数量金额式明细分类账。

二、实训要求

1）根据提供的经济业务编制记账凭证（自备记账凭证或以会计分录替代）。

2）登记"原材料""库存商品"数量金额式明细分类账（采用个别计价法计算发出存货的实际成本）。

3）期末结账。

三、实训资料

长沙湘江公司为增值税一般纳税人，2018 年 6 月 1 日，"原材料——甲材料"账户数量为 8 000 千克，金额为 40 000 元，"库存商品——A 产品"账户数量为 24 000 件，金额为 600 000 元。

2018 年 6 月发生部分经济业务如下（原材料按实际成本核算）：

1）3 日，从长江工厂购入甲材料 12 000 千克，增值税专用发票注明价款为 60 000 元，增值税税额为 9 600 元，材料验收入库，价税款以转账支票支付。

2）5 日，销售给前进公司 A 产品 1 000 件，每件售价为 32 元，增值税税额为 5 120 元，价税款存入银行。A 产品的单位成本为 25 元。

3）10 日，上月采购的甲材料为 2 000 千克，验收入库，按实际采购成本 10 000 元入账。

4）12 日，销售给光明工厂 A 产品 800 件，每件售价为 32 元，增值税税率为 16%，价税款已收到支票并办妥进账。A 产品的单位成本为 25 元。

5）15 日，生产 A 产品领用甲材料 4 000 千克，实际成本为 20 000 元，生产 B 产品领用甲材料 3 000 千克，实际成本为 15 000 元，车间一般耗用甲材料 200 千克，实际成本 1 000 元。

6）19 日，生产 A 产品领用甲材料 3 000 千克，实际成本为 15 000 元，车间一般消耗领用甲材料 200 千克，实际成本为 1 000 元，销售部门领用甲材料 200 千克，实际成本为 1 000 元。

7）20 日，向东塘公司销售 A 产品 3 300 件，每件售价为 32 元，共计 105 600 元，增值税税额为 16 896 元，价税款收到并存入银行。A 产品单位成本为 25 元。

8）23 日，向新长工厂销售甲材料 2 000 千克，每千克售价为 8 元，共计 16 000 元，增值税税额为 2 560 元，款项收到并存入银行，该批材料成本每千克 5 元。

9）25 日，生产完工入库 A 产品 600 件，单位成本为 25 元。

10）30 日，清查发现短缺 A 产品 50 件，每件成本为 25 元，原因待查（暂不考虑增值税）。

11）30 日，短缺的 A 产品经查明系管理不善，经批准计入管理费用。

四、实训指导

数量金额式账页适用于既要进行金额核算又要进行数量核算的账户，如"原材料""库存商品"等存货账户，也采用"借方""贷方""余额"三栏式的基本结构，但在每栏下面又分别设置"数量""单价""金额"三个专栏。

登记数量金额式明细分类账时，首先要将明细科目名称、实物单位、规格、编号等填写在对应的项目内。经济业务发生后，根据有关记账凭证及所附原始凭证上记载的具体内容，登记明细科目的增减数量、单价，并计算出总金额，然后按选定的核算方法计算出结余的数量、单价和金额。

五、实训操作

1）根据实训资料编制通用记账凭证，以会计分录代替记账凭证，记账凭证编号省略，将会计分录填入会计分录表中，如表 1-19-1 所示。

表 1-19-1　会计分录表

序号	会计分录
1	
2	
3	
4	

续表

序号	会计分录
5	
6	
7	
8	
9	
10	
11	

2）登记"原材料""库存商品"数量金额式明细分类账（表 1-19-2 和表 1-19-3）并结账。

表 1-19-2 "原材料"数量金额式明细分类账

户名（品名）：

年		凭证字号	摘要	借方			贷方			余额		
月	日			数量	单价	金额	数量	单价	金额	数量	单价	金额

表 1-19-3 "库存商品"数量金额式明细分类账

户名（品名）：

年		凭证字号	摘要	借方			贷方			余额		
月	日			数量	单价	金额	数量	单价	金额	数量	单价	金额

实训项目二十　多栏式明细分类账的登记

一、实训目标

能够正确登记多栏式明细分类账并结账。

二、实训要求

1）根据提供的经济业务编制记账凭证（自备记账凭证或以会计分录替代）。
2）登记"管理费用""制造费用""生产成本"多栏式明细分类账。
3）期末结账。

三、实训资料

长沙洋湖企业为增值税一般纳税人，2018 年 8 月 31 日的"生产成本——01 产品"账户余额为 5 900 元，其中，直接材料 3 000 元，直接人工 1 700 元，制造费用 1 200 元。2018 年 9 月，企业发生的部分经济业务如下。

1）3 日，生产 01 产品领用 A 材料 1 500 千克，02 产品领用 400 千克，车间一般耗用 100 千克，厂部耗用 200 千克。A 材料每千克 50 元。

2）7 日，生产 01 产品领用 B 材料 1 000 千克，车间一般耗用 400 千克，销售部门耗用 100 千克。B 材料每千克 30 元。

3）8 日，以现金支付招待客户餐费 800 元。

4）10 日，以银行存款支付行政管理部门办公用品费 500 元，车间办公用品费 400 元。

5）14 日，采购员出差归来，报销差旅费 3 000 元，以现金支付。

6）30 日，计提本月车间固定资产折旧 2 200 元，行政管理部门固定资产折旧 1 800 元。

7）30 日，分配生产工人工资 60 000 元，其中，01 产品工人工资 40 000 元，02 产品工人工资 20 000 元；车间管理人员工资 11 300 元；行政管理人员工资 23 700 元。

8）30 日，按生产工时（甲产品生产工时 1 800 小时、乙产品生产工时 1 200 小时）的比例分配结转本月制造费用。

9）30 日，本月 01 产品 1 000 件全部完工，02 产品全部未完工。计算结转完工 01 产品成本。

四、实训指导

多栏式明细分类账是根据经济业务的特点和经营管理的需要，在一张账页内按有关明细科目或明细项目分设若干专栏，以便在同一张账页上集中反映有关明细核算资料。在通常情况下，明细分类账各栏目分别按借方或贷方设立，发生反向业务用红字登记。多栏式明细分类账一般适用于费用、成本、收入、成果类账户，如"生产成本""管理费用""制造费用""本年利润"等账户的明细核算。

　　由于多栏式明细分类账采用借方多栏式或贷方多栏式账页，其结账方法一般是在登记最后一笔结转业务之前，先进行本月合计，再登记最后一笔业务，在最后一笔业务后面直接画单红线。

五、实训操作

　　1）根据实训资料编制通用记账凭证，以会计分录代替记账凭证，记账凭证编号省略，将会计分录填入会计分录表中，如表 1-20-1 所示。

表 1-20-1　会计分录表

序号	会计分录
1	
2	
3	
4	
5	
6	
7	
8	
9	

2）登记"管理费用""制造费用""生产成本"多栏式明细分类账（表 1-20-2～表 1-20-4）并结账。

表 1-20-2　"管理费用"多栏式明细分类账

单位：元

年		凭证号数	摘要	借方						合计
月	日									

表 1-20-3　"制造费用"多栏式明细分类账

单位：元

年		凭证号数	摘要	借方						合计
月	日									

表 1-20-4　"生产成本"多栏式明细分类账

产品名称：　　　　　　　　　　　　　　　　　　　　　　　　　　　　　　　　　　　单位：元

年		凭证号数	摘要	成本项目			合计
月	日			直接材料	直接人工	制造费用	

实训项目二十一　总分类账的登记

一、实训目标

能够根据记账凭证正确登记总分类账。

二、实训要求

1）根据提供的经济业务编制记账凭证（自备记账凭证或以会计分录替代）。

2）登记"银行存款""应交税费"的总分类账。

3）期末结账。

三、实训资料

长沙福元企业 2018 年 6 月初"银行存款"账户期初余额为 800 000 元，"应交税费"账户为 20 000 元。企业 6 月发生部分经济业务如下：

1）2 日，以银行存款购买材料，增值税专用发票注明价款为 20 000 元，增值税税额为 3 200 元，材料验收入库。

2）5 日，用银行存款归还短期借款 50 000 元，利息为 2 000 元。

3）10 日，以银行存款支付上月应交所得税 12 000 元。

4）12 日，以银行存款支付前欠货款 9 000 元。

5）15 日，以银行存款交纳上月应交的增值税 20 000 元。

6）16 日，收到投资者投入资金 88 000 元，存入银行。

7）20 日，销售产品取得价款 50 000 元，应收增值税税额为 8 000 元，价款收到并存入银行。

8）25 日，计提本月应交的销售税金 1 230 元。

9）28 日，从银行借入 2 年期借款 300 000 元存入银行。

10）30 日，计提本月应交所得税 13 000 元。

四、实训指导

总分类账只采用货币计量单位登记，一般采用三栏式，其基本结构为"借方""贷方"

"余额"三栏。总分类账可以直接通过各种记账凭证，逐笔进行登记；也可以通过一定的汇总方式，定期或分期汇总登记。这主要取决于各单位所采用的账务处理程序。

五、实训操作

1）根据实训资料编制记账凭证，以会计分录代替记账凭证，记账凭证编号省略，将会计分录填入会计分录表中，如表 1-21-1 所示。

表 1-21-1　会计分录表

序号	会计分录
1	
2	
3	
4	
5	
6	
7	
8	
9	
10	

2）登记"银行存款""应交税费"总分类账（表 1-21-2 和表 1-21-3）并结账。

表 1-21-2　总分类账（1）

会计科目：　　　　　　　　　　　　　　　　　　　　　　　　　　　　　　　　单位：元

年		凭证编号	摘要	借方	贷方	借或贷	余额
月	日						

表 1-21-3　总分类账（2）

会计科目：　　　　　　　　　　　　　　　　　　　　　　　　　　　　　　　　单位：元

年		凭证编号	摘要	借方	贷方	借或贷	余额
月	日						

实训项目二十二　平行登记法的运用

一、实训目标

能够用平行登记法正确登记总分类账与所属的明细分类账，能够对总分类账及其所属明细分类账进行核对。

二、实训要求

1）根据提供的经济业务编制记账凭证（可用会计分录替代）。
2）使用平行登记法登记"原材料""应付账款"的总分类账与明细分类账。
3）编制总分类账及其所属明细分类账发生额及余额表。

三、实训资料

【资料1】长沙含光公司"应收账款"总分类账设置"J公司"和"K公司"两个明细分类账，2018年9月尚未完成的总分类账和明细分类账资料如表1-22-1～表1-22-3所示。

表 1-22-1　总分类账（1）

会计科目：应收账款 　　　　　　　　　　　　　　　　　　　　　　　　　　　　　　　　　单位：元

2018年		凭证编号	摘要	借方	贷方	借或贷	余额
月	日						
9	1		期初余额				
	6	转字25号	赊销产品给J公司				
	12	转字78号	应收J公司到期的商业承兑汇票，转为应收账款				
	19	收字12号	收到J、K公司前欠货款				
	26	转字129号	无法收回K公司的应收账款确认为坏账				
9	30		本期发生额及余额				

表 1-22-2 "应收账款"明细分类账（1）

户名（品名）：J 公司

单位：元

2018年		凭证编号	摘要	借方	贷方	借或贷	余额
月	日						
9	1		期初余额			借	150 000
	6	转字 25 号	赊销产品，价税合计 232 000 元				
	12	转字 78 号	到期商业承兑汇票 100 000 元，转为应收账款				
	19	收字 12 号	收到前欠货款 200 000 元				
9	30		本期发生额及余额				

表 1-22-3 "应收账款"明细分类账（2）

户名（品名）：K 公司

单位：元

2018年		凭证编号	摘要	借方	贷方	借或贷	余额
月	日						
9	1		期初余额			借	350 000
	19	收字 12 号	收到前欠货款 150 000 元				
	26	转字 129 号	应收账款 20 000 元无法收回，经批准确认为坏账				
9	30		本期发生额及余额				

【资料 2】 湖南瑞达企业为增值税一般纳税人，增值税税率为16%。2018 年 5 月末，"原材料"总分类账账户余额为 50 000 元，其中，甲材料 2 000 千克，单价为 15 元；乙材料 1 000 千克，单价为 20 元。"应付账款"总分类账账户余额为 25 000 元，其中，红星工厂为 15 000 元，红光工厂为 10 000 元。企业 6 月发生部分经济业务如下：

1）3 日，向红星工厂购入甲材料 1 000 千克，单价为 15 元，增值税税额为 2 400 元，材料验收入库，款项尚未支付。

2）10 日，向红光工厂购入甲材料 500 千克，单价为 15 元，购入乙材料 2 000 千克，单价为 20 元，增值税税额为 7 600 元，材料验收入库，款项尚未支付。

3）15 日，生产产品领用甲材料 2 500 千克，单价为 15 元，领用乙材料 1 500 千克，单价为 20 元。

4）20 日，以银行存款支付红星工厂货款 20 000 元，红光工厂货款 50 000 元。

【资料 3】2018 年 7 月，湖南瑞达企业发生部分经济业务如下：

1）5 日，向红星工厂购入甲材料 2 000 千克，单价为 15 元，增值税税额为 4 800 元，购入乙材料 1 000 千克，单价为 20 元，增值税税额为 3 200 元，材料验收入库，款项尚未支付。

2）8 日，以银行存款支付应付红星工厂材料款 30 000 元。

3）16 日，向红光工厂购入乙材料 1 400 千克，单价为 20 元，增值税税额为 4 480 元，款项已支付 50%，余款尚未支付。

4）18 日，车间领用甲材料 1 100 千克，单价为 15 元，乙材料 1 900 千克，单价为 20 元。

5）24 日，生产产品领用甲材料 800 千克，单价为 15 元，乙材料 400 千克，单价为 20 元。

6）29 日，通过汇兑结算方式，结清所欠红光工厂的货款。

四、实训指导

平行登记法是指对所发生的每项经济业务事项都要以会计凭证为依据，一方面记入有关总分类账，另一方面记入有关总分类账所属明细分类账的方法。平行登记的要点包括同依据登记、同时期登记、同方向登记、等金额登记，简称为同据、同时、同向、等额。平行登记法的目的是对总分类账与明细分类账进行相互核对，检查总分类账和所属明细分类账记录的完整性和正确性，以便发现差错，及时纠正。其验算公式为

某总分类账本期发生额=该总分类账所属明细分类账本期发生额之和

某总分类账期末余额=该总分类账所属明细分类账期末余额之和

五、实训操作

1）根据平行登记法原理完成资料 1 中"应收账款"总分类账和所属明细分类账的登记，如表 1-22-1～表 1-22-3 所示。

2）根据资料 2、资料 3 编制通用记账凭证，以会计分录代替记账凭证，记账凭证编号省略，将会计分录填入会计分录表中，如表 1-22-4 和表 1-22-5 所示。

表 1-22-4　会计分录表（1）

序号	会计分录
1	
2	
3	
4	

表 1-22-5　会计分录表（2）

序号	会计分录
1	
2	
3	
4	
5	
6	

3）登记 6 月、7 月"原材料""应付账款"总分类账及所属明细分类账（表 1-22-6～表 1-22-11）并结账。

表 1-22-6　总分类账（2）

户名（品名）：原材料 　　　　　　　　　　　　　　　　　　　　　　　　　　单位：元

2018 年		凭证编号	摘要	借方	贷方	借或贷	余额
月	日						

表 1-22-7　　"原材料"明细分类账（1）

户名（品名）：甲材料

单位：元

2018 年		凭证编号	摘要	借方			贷方			余额		
月	日			数量	单价	金额	数量	单价	金额	数量	单价	金额

表 1-22-8　　"原材料"明细分类账（2）

户名（品名）：乙材料

单位：元

2018 年		凭证编号	摘要	借方			贷方			余额		
月	日			数量	单价	金额	数量	单价	金额	数量	单价	金额

表 1-22-9　　总分类账（3）

会计科目：应付账款

单位：元

2018 年		凭证编号	摘要	借方	贷方	借或贷	余额
月	日						

续表

2018年		凭证编号	摘要	借方	贷方	借或贷	余额
月	日						

表 1-22-10　"应付账款"明细分类账（1）

户名（品名）：红星工厂　　　　　　　　　　　　　　　　　　　　　　单位：元

2018年		凭证编号	摘要	借方	贷方	借或贷	余额
月	日						

表 1-22-11　"应付账款"明细分类账（2）

户名（品名）：红光工厂　　　　　　　　　　　　　　　　　　　　　　单位：元

2018年		凭证编号	摘要	借方	贷方	借或贷	余额
月	日						

4）分别编制 6 月和 7 月明细分类账本期发生额及余额表进行核对。具体如表 1-22-12～表 1-22-15 所示。

表 1-22-12　"原材料"明细分类账本期发生额及余额表（1）

　　　　　　　　年　　月　　日　　　　　　　　　　　　　单位：元

明细账户名称	期初余额		本期发生额		期末余额	
	借方	贷方	借方	贷方	借方	贷方
合计						

表 1-22-13　"应付账款"明细分类账本期发生额及余额表（1）

　　　　　　　　年　　月　　日　　　　　　　　　　　　　单位：元

明细账户名称	期初余额		本期发生额		期末余额	
	借方	贷方	借方	贷方	借方	贷方
合计						

表 1-22-14　"原材料"明细分类账本期发生额及余额表（2）

　　　　　　　　年　　月　　日　　　　　　　　　　　　　单位：元

明细账户名称	期初余额		本期发生额		期末余额	
	借方	贷方	借方	贷方	借方	贷方
合计						

基础会计实训

表 1-22-15　"应付账款"明细分类账本期发生额及余额表（2）

年　月　日　　　　　　　　　　　　　　　　单位：元

明细账户名称	期初余额		本期发生额		期末余额	
	借方	贷方	借方	贷方	借方	贷方
合计						

实训项目二十三　错账的更正

一、实训目标

能够根据错账的类型正确更正错账。

二、实训要求

1）给出已编制好的记账凭证。

2）判断记账凭证是否发生错误，根据错误类型采用适当的方法进行更正。

三、实训资料

1）2018 年 3 月 5 日，职工于林借支差旅费 2 000 元，开出现金支票，记账凭证如凭证 1-23-1 所示。

凭证 1-23-1

记 账 凭 证

2018 年 3 月 5 日　　　　　　　　　　　　　　　　　　　　　　记字第 6 号

摘要	总账科目	明细科目	记账√	借方金额								记账√	贷方金额								
				千	百	十	万	千	百	十	元	角	分	千	百	十	万	千	百	十	元	角	分	
借支差旅费	其他应收款	于林	√					2	0	0	0	0	0											
	库存现金													√					2	0	0	0	0	0	附件 2 张
合计							¥	2	0	0	0	0	0					¥	2	0	0	0	0	0	

会计主管：　　　　记账：王洋　　　　出纳：　　　　　　审核：　　　　　　制单：李新

2）2018 年 3 月 18 日，结转已售 A 产品成本 7 200 元，记账凭证如凭证 1-23-2 所示。

凭证 1-23-2

记 账 凭 证

2018 年 3 月 18 日   记字第 35 号

摘要	总账科目	明细科目	记账√	借方金额 千百十万千百十元角分	记账√	贷方金额 千百十万千百十元角分	附件1张
结转销售成本	主营业务成本		√	7 2 0 0 0 0 0			
	库存商品	A 产品			√	7 2 0 0 0 0 0	
合计				¥ 7 2 0 0 0 0 0		¥ 7 2 0 0 0 0 0	

会计主管: 记账:王洋   出纳: 审核: 制单:李新

3）2018 年 3 月 20 日，计提本月短期借款利息 6 500 元，记账凭证如凭证 1-23-3 所示。

凭证 1-23-3

记 账 凭 证

2018 年 3 月 20 日   记字第 42 号

摘要	总账科目	明细科目	记账√	借方金额 千百十万千百十元角分	记账√	贷方金额 千百十万千百十元角分	附件2张
计提利息	财务费用	利息费	√	6 5 0 0 0 0			
	应付利息				√	6 5 0 0 0 0	
合计				¥ 6 5 0 0 0 0		¥ 6 5 0 0 0 0	

会计主管: 记账:王洋   出纳: 审核: 制单:李新

4）2018 年 3 月 26 日，计算并确认本月应交税费 3 400 元，记账凭证如凭证 1-23-4 所示。

凭证 1-23-4

记 账 凭 证

2018 年 3 月 26 日   记字第 56 号

摘要	总账科目	明细科目	记账√	借方金额 千百十万千百十元角分	记账√	贷方金额 千百十万千百十元角分	附件1张
计提税金	税金及附加		√	3 4 0 0 0 0			
	应交税费				√	3 4 0 0 0 0	
合计				¥ 3 4 0 0 0 0		¥ 3 4 0 0 0 0	

会计主管: 记账:王洋   出纳: 审核: 制单:李新

后在审核过程中发现，登记"应交税费"账户时记录为 4 300 元。

四、实训指导

划线更正法，又称为红线更正法。在结账以前，如果发现账簿记录中数字或文字错误、过账笔误或数字计算错误，而记账凭证没有错误，可用划线更正法进行更正。红字更正法，又称为红字冲账法，是指用红字冲销原有错误的账户记录或凭证记录，以更正或调整账簿记录的一种方法。补充登记法，又称为补充更正法，是指在记账以后，如果发现账簿记录和原会计凭证中应借、应贷账户虽然没有错误，但所写金额小于正确的金额，可用补充登记法进行更正。具体情况如下。

1）划线更正法。记账凭证填制正确，而账簿登记（数字、文字）错误。注意：错误数字要整笔划掉，不能只划去其中一个或几个记错的数字，并保持划去的字迹仍可清晰辨认。

2）红字更正法。记账凭证的会计科目错误、记账方向错误、金额多记，且已登记入账。

3）补充登记法。记账凭证的会计科目正确但金额少记，且已登记入账。

五、实训操作

1）根据上述资料，填写错账更正表，如表 1-23-1 所示。

表 1-23-1　错账更正表

业务发生日期	错误类型	更正方法	更正过程

2）编制更正错账的记账凭证（假设于 3 月 30 日结账时发现错账），30 日凭证已编至 70 号，如凭证 1-23-5～凭证 1-23-8 所示。

凭证 1-23-5

记 账 凭 证

年　　月　　日　　　　　　　　　　　　　　字第　　号

摘要	总账科目	明细科目	记账√	借方金额										记账√	贷方金额										附件
				千	百	十	万	千	百	十	元	角	分		千	百	十	万	千	百	十	元	角	分	
																									张
合计																									

会计主管：　　　　　　记账：　　　　　　　　出纳：　　　　　　审核：　　　　　　制单：

凭证 1-23-6

记 账 凭 证

年　　月　　日　　　　　　　　　　　　　　字第　　号

摘要	总账科目	明细科目	记账√	借方金额										记账√	贷方金额										附件
				千	百	十	万	千	百	十	元	角	分		千	百	十	万	千	百	十	元	角	分	
																									张
合计																									

会计主管：　　　　　　记账：　　　　　　　　出纳：　　　　　　审核：　　　　　　制单：

凭证 1-23-7

记 账 凭 证

年　　月　　日　　　　　　　　　　　　　　字第　　号

摘要	总账科目	明细科目	记账√	借方金额										记账√	贷方金额										附件
				千	百	十	万	千	百	十	元	角	分		千	百	十	万	千	百	十	元	角	分	
																									张
合计																									

会计主管：　　　　　　记账：　　　　　　　　出纳：　　　　　　审核：　　　　　　制单：

凭证 1-23-8

记 账 凭 证

年　　月　　日　　　　　　　　　　　　　　字第　　号

摘要	总账科目	明细科目	记账√	借方金额									记账√	贷方金额									
				千	百	十	万	千	百	十	元	角	分		千	百	十	万	千	百	十	元	角	分
合计																								

会计主管：　　　　记账：　　　　　　出纳：　　　　　审核：　　　　制单：

3）更正错账（以"T"形账代替，先根据资料所给记账凭证登记"T"形账，再根据更正错账的记账凭证登记，只考虑题中涉及的账户发生额，账户的其余信息略）。

借方　　　　　　　　　　　其他应收款　　　　　　　　　　贷方

借方　　　　　　　　　　　库存现金　　　　　　　　　　贷方

借方　　　　　　　　　　　银行存款　　　　　　　　　　贷方

借方	主营业务成本	贷方

借方	库存商品	贷方

借方	财务费用	贷方

借方	应付利息	贷方

借方	应交税费	贷方

实训项目二十四　存货盘存制度的运用

一、实训目标

能够正确运用永续盘存制和实地盘存制确定发出存货成本与结存存货成本。

二、实训要求

给定某会计期间发生的与某项存货相关的经济业务，分别采用永续盘存制和实地盘存制计算发出存货成本和结存存货成本。

三、实训资料

顺德工厂 2018 年 5 月库存商品收发存情况如表 1-24-1 所示。

表 1-24-1　库存商品收发存情况

金额单位：元

业务	收入			发出			结存		
	数量	单位成本	金额	数量	单位成本	金额	数量	单位成本	金额
5 月 1 日结存							4 500	80	
5 月 5 日完工入库	2 500	90							
5 月 10 日销售				3 500					
5 月 25 日销售				2 000					
5 月 28 日完工入库	3 000	88							
5 月 31 日盘点库存							4 450		

注：该工厂发出存货成本采用全月一次加权平均法计算。

四、实训指导

永续盘存制，又称为账面盘存制，是指平时对各项实物财产的增减变动都必须根据会计凭证逐笔在有关账簿中登记，并随时结算其账面结存数量的一种盘存方法。采用永续盘存制需按实际财产的项目设置数量金额式明细分类账并详细记录，以便及时反映各项实物财产的收入、发出和结存情况。永续盘存制的优点是有利于加强对实物财产的管理。其缺点是日常的工作量较大。

实地盘存制，又称为定期盘存制，也称以存计销制或以存计耗制，是指平时在账簿中登记各项实物资产的增加数，不登记减少数，期末通过实物盘点来确定其实有数并据以倒

算出本期实物财产减少数的一种盘存方法。其计算公式为

本期减少数=期初结存数+本期增加数−期末实有数

实地盘存制的优点是可以简化日常工作。其缺点是不能随时反映库存财产物资的发出与结存情况，不利于加强财产物资的管理。

五、实训操作

根据实训资料分别计算永续盘存制和实地盘存制下该工厂库存商品的期末库存成本和本期销售成本，如表 1-24-2 所示。

表 1-24-2　永续盘存制与实地盘存制计算对比表

单位：元

项目	永续盘存制	实地盘存制
期初结存商品成本		
本期入库商品成本		
本期发出商品成本		
期末结存商品成本		

实训项目二十五　库存现金的清查

一、实训目标

能够正确填制库存现金盘点报告表，能够编制现金清查结果处理的记账凭证。

二、实训要求

1）根据给定的库存现金日记账和库存现金实有数，判断现金清查的结果，填写库存现金盘点报告表。

2）根据库存现金盘点报告表编制发生盘盈（盘亏）与转销盘盈（盘亏）的记账凭证，制单人员为张庆萍。

三、实训资料

1）湘江暮云企业2018年6月20日库存现金日记账余额为1 200元，盘点实存数为1 250元，原因待查。

2）湘江暮云企业2018年6月30日库存现金日记账余额为1 564元，盘点实存数为1 504元，原因待查。

3）经研究处理决定如下：库存现金短缺由出纳员钱遥赔偿，库存现金长款转作营业外收入。

四、实训指导

现金的清查主要采用实地盘点法。通过盘点确定库存现金实存数，与现金日记账的账面余额核对，查明账实是否相符。同时，将现金盘点结果填列至库存现金盘点报告表内，由盘点人员和出纳人员共同签章。

库存现金发生盘盈盘亏均需通过"待处理财产损溢"账户核算。查明原因确定处理意见后，再记入相应账户，同时转销"待处理财产损溢"账户。

五、实训操作

1）根据实训资料分别填写2018年6月20日和6月30日的库存现金盘点报告表，如凭证1-25-1和凭证1-25-2所示。

凭证 1-25-1

库存现金盘点报告表

年　月　日

单位名称：

实存金额	账存金额	盈亏情况		备注
		盘盈数	盘亏数	
处理意见：				

主管：　　　　　　　　　　　　　　　会计：　　　　　　　　　　　　　　盘点：

凭证 1-25-2

库存现金盘点报告表

年　月　日

单位名称：

实存金额	账存金额	盈亏情况		备注
		盘盈数	盘亏数	
处理意见：				

主管：　　　　　　　　　　　　　　　会计：　　　　　　　　　　　　　　盘点：

2）分别编制 6 月 20 日、6 月 30 日发生盘盈盘亏、转销盘盈盘亏的记账凭证（6 月 20 日凭证已编至记字 75 号，6 月 30 日凭证已编至记字 118 号），如凭证 1-25-3～凭证 1-25-6 所示。

凭证 1-25-3

记 账 凭 证

年　月　日　　　　　　　　　　　　字第　号

摘要	总账科目	明细科目	记账√	借方金额										记账√	贷方金额										
				千	百	十	万	千	百	十	元	角	分		千	百	十	万	千	百	十	元	角	分
合计																									

附件　张

会计主管：　　　　　记账：　　　　　　出纳：　　　　　审核：　　　　　制单：

凭证 1-25-4

记 账 凭 证

年　　月　　日　　　　　　　　　　　　　　　字第　　号

摘要	总账科目	明细科目	记账√	借方金额										记账√	贷方金额										
				千	百	十	万	千	百	十	元	角	分		千	百	十	万	千	百	十	元	角	分
合计																								

附件　张

会计主管：　　　　　　记账：　　　　　　　　　出纳：　　　　　　　审核：　　　　　　　制单：

凭证 1-25-5

记 账 凭 证

年　　月　　日　　　　　　　　　　　　　　　字第　　号

摘要	总账科目	明细科目	记账√	借方金额										记账√	贷方金额										
				千	百	十	万	千	百	十	元	角	分		千	百	十	万	千	百	十	元	角	分
合计																								

附件　张

会计主管：　　　　　　记账：　　　　　　　　　出纳：　　　　　　　审核：　　　　　　　制单：

凭证 1-25-6

记 账 凭 证

年　　月　　日　　　　　　　　　　　　　　　字第　　号

摘要	总账科目	明细科目	记账√	借方金额										记账√	贷方金额										
				千	百	十	万	千	百	十	元	角	分		千	百	十	万	千	百	十	元	角	分
合计																								

附件　张

会计主管：　　　　　　记账：　　　　　　　　　出纳：　　　　　　　审核：　　　　　　　制单：

实训项目二十六　实物财产的清查

一、实训目标

能够正确填制存货盘盈盘亏报告表，能够编制存货清查结果处理的记账凭证。

二、实训要求

1）根据给定的"原材料"明细分类账资料和原材料盘存单，判断存货清查结果，填写存货实存账存对比表。

2）根据存货实存账存对比表编制发生盘盈（盘亏）与转销盘盈（盘亏）的记账凭证，制单人员为刘红春。

三、实训资料

长沙市有色机械厂 2018 年 6 月有关资料如表 1-26-1 和凭证 1-26-1 所示。

表 1-26-1　"原材料"明细分类账资料

金额单位：元

材料规格、名称	计量单位	单价	结余（2018 年 6 月 30 日）	
			数量	金额
甲材料	千克	8	1 257	10 056
乙材料	千克	7	1 379	9 653
丙材料	个	12	643	7 716
丁材料	件	8.5	580	4 930

凭证 1-26-1

盘　存　单

财产类别：原材料

存放地点：1 号库　　　　　　　　　　　　　　　　　　　　盘点时间：2018 年 6 月 30 日

编号：105423　　　　　　　　　　　　　　　　　　　　　　金额单位：元

材料名称	单位	数量	单价	金额	备注
甲材料	千克	1 260	8	10 080	计量器具不准造成
乙材料	千克	300	7	2 100	水灾造成，保险公司可赔偿 5 000 元
丙材料	个	543	12	6 516	进料时对方少发
丁材料	件	550	8.5	4 675	其中 20 件系保管员失职造成，其余 10 件无法查明原因

盘点人签章：王奇　　　　　　　　　　实物保管人签章：周志华

上列盘盈、盘亏和损失，经查原因属实，报请有关部门审核批准，做出如下处理：

1）计量器具不准造成的甲材料盘盈，经批准冲减管理费用。

2）自然灾害造成的乙材料盘亏，扣除保险公司赔偿部分，余下的计入营业外支出。

3）进料时对方少发，对方已同意退还少发材料的价税款，但尚未收到。购买丙材料时已按16%的税率支付增值税。

4）管理人员失职造成的材料短缺，责任由过失人赔偿。无法查明原因的短缺，计入管理费用。

四、实训指导

财产物资在清查中发现的盘盈、盘亏，分两步处理：

1）报经批准前。根据"实存账存对比表"等数据资料，编制记账凭证，记入有关账簿，使账簿记录与实际盘存数相符。同时，根据管理权限，将处理建议报股东大会或董事会，或经理（厂长）会议或类似机构批准。企业盘盈各种财产物资，应借记相关资产账户，贷记"待处理财产损溢"账户；企业盘亏各种财产物资，应借记"待处理财产损溢"账户，贷记相关资产账户。

2）报经批准后。经批准后根据差异产生的原因和批准处理意见，将处理结果编制记账凭证，并据以登记有关账簿，进行差异处理，调整账项。

五、实训操作

1）根据实训资料分别填写"实存账存对比表"，如凭证1-26-2所示。

凭证1-26-2

实存账存对比表

单位名称：　　　　　　　　　　　年　月　日　　　　　　　　　　单位：

存货编号	名称	单位	单价	实存		账存		盘亏		盘盈		原因
				数量	金额	数量	金额	数量	金额	数量	金额	

单位负责人：　　　　　　　　　会计主管：　　　　　　　　　　　盘点人：

2）分别编制发生盘盈盘亏、转销盘盈盘亏的记账凭证，如凭证1-26-3～凭证1-26-10所示。记账凭证已编至记字第122号。

凭证 1-26-3

记 账 凭 证

年　　月　　日　　　　　　　　　　　　　　字第　　号

摘要	总账科目	明细科目	记账√	借方金额										记账√	贷方金额										附件
				千	百	十	万	千	百	十	元	角	分		千	百	十	万	千	百	十	元	角	分	张
合计																									

会计主管:　　　　　记账:　　　　　　　出纳:　　　　　　审核:　　　　　制单:

凭证 1-26-4

记 账 凭 证

年　　月　　日　　　　　　　　　　　　　　字第　　号

摘要	总账科目	明细科目	记账√	借方金额										记账√	贷方金额										附件
				千	百	十	万	千	百	十	元	角	分		千	百	十	万	千	百	十	元	角	分	张
合计																									

会计主管:　　　　　记账:　　　　　　　出纳:　　　　　　审核:　　　　　制单:

凭证 1-26-5

记 账 凭 证

年　　月　　日　　　　　　　　　　　　　　字第　　号

摘要	总账科目	明细科目	记账√	借方金额										记账√	贷方金额										附件
				千	百	十	万	千	百	十	元	角	分		千	百	十	万	千	百	十	元	角	分	张
合计																									

会计主管:　　　　　记账:　　　　　　　出纳:　　　　　　审核:　　　　　制单:

凭证 1-26-6

记 账 凭 证

年　　月　　日　　　　　　　　　　　字第　　号

摘要	总账科目	明细科目	记账√	借方金额										记账√	贷方金额								
				千	百	十	万	千	百	十	元	角	分		千	百	十	万	千	百	十	元	角	分
合计																								

附件　张

会计主管：　　　　　记账：　　　　　出纳：　　　　　审核：　　　　　制单：

凭证 1-26-7

记 账 凭 证

年　　月　　日　　　　　　　　　　　字第　　号

摘要	总账科目	明细科目	记账√	借方金额										记账√	贷方金额								
				千	百	十	万	千	百	十	元	角	分		千	百	十	万	千	百	十	元	角	分
合计																								

附件　张

会计主管：　　　　　记账：　　　　　出纳：　　　　　审核：　　　　　制单：

凭证 1-26-8

记 账 凭 证

年　　月　　日　　　　　　　　　　　字第　　号

摘要	总账科目	明细科目	记账√	借方金额										记账√	贷方金额								
				千	百	十	万	千	百	十	元	角	分		千	百	十	万	千	百	十	元	角	分
合计																								

附件　张

会计主管：　　　　　记账：　　　　　出纳：　　　　　审核：　　　　　制单：

凭证 1-26-9

记 账 凭 证

年　　月　　日　　　　　　　　　　　　　　　字第　　号

摘要	总账科目	明细科目	记账√	借方金额										记账√	贷方金额										
				千	百	十	万	千	百	十	元	角	分		千	百	十	万	千	百	十	元	角	分	
合计																									

附件　张

会计主管：　　　　记账：　　　　出纳：　　　　审核：　　　　制单：

凭证 1-26-10

记 账 凭 证

年　　月　　日　　　　　　　　　　　　　　　字第　　号

摘要	总账科目	明细科目	记账√	借方金额										记账√	贷方金额										
				千	百	十	万	千	百	十	元	角	分		千	百	十	万	千	百	十	元	角	分	
合计																									

附件　张

会计主管：　　　　记账：　　　　出纳：　　　　审核：　　　　制单：

实训项目二十七　银行存款的清查

一、实训目标

理解银行存款的清查方法，掌握银行存款余额调节表的结构及编制方法。

二、实训要求

1）根据给定的银行存款日记账和银行对账单，逐步核对，确定未达账项。

2）编制银行存款余额调节表。

3）分析调节后企业银行存款日记账余额与银行对账单余额不相符的处理方法。

三、实训资料

【资料 1】永和企业（开户行为中国建设银行，账号为 6222829054230654146），2018年 6 月 25～30 日银行存款日记账和银行提供的对账单如表 1-27-1 和表 1-27-2 所示。

表 1-27-1　银行存款日记账

单位：元

2018 年		记账凭证		摘要	结算凭证		借方	贷方	余额
月	日	字	号		种类	号数			
6	24			承前页					250 000
6	25	银付	228	付购料款	转支	045		200 000	50 000
6	26	银付	229	付运费	转支	046		1 000	49 000
6	27	银收	108	收销货款	电汇		234 000		283 000
6	28	银付	230	付购料款	电汇			90 000	193 000
6	29	银付	231	付修理费	转支	047		2 500	190 500
6	30	银收	109	收销货款	转支	127	150 000		340 500

表 1-27-2　银行对账单

单位：元

2018 年		摘要	结算凭证		存入	支出	余额
月	日		种类	号数			
6	24	承前页					250 000
6	26	宏汇工厂	电汇		234 000		484 000
6	28	二场	转支	046		1 000	483 000

续表

2018 年		摘要	结算凭证		存入	支出	余额
月	日		种类	号数			
6	28	丰立公司	转支	045		200 000	283 000
6	28	电费	信汇			23 000	260 000
6	28	中鞭公司	汇票	148	3 200		263 200
6	29	三环公司	信汇		60 000		323 200
6	30	货款	电汇			90 000	233 200

【资料2】云海股份有限公司（开户行为中国农业银行，账号为6228480614992567620）于2018年9月与开户银行对账，双方9月25日以后的资料如表1-27-3和表1-27-4所示（假设25日以前双方记录均相符且正确）。

1）云海股份有限公司银行存款日记账记录。

表1-27-3　银行存款日记账记录

单位：元

月	日	摘要	金额
9	25	开出转账支票（票号为504）用来支付购货款	8 000
	28	收到购货方转账支票（票号为2403），系付前欠款，存入银行（该张记账凭证为银收18号）	41 000
	29	开出转账支票（票号为505）用来支付前欠购货款（该张记账凭证为银付52号）	63 000
	30	开出转账支票（票号为506）用来支付运费	3 420
	30	存入购货方转账支票（票号为401）	19 400
	30	银行存款日记账期末余额	27 280

2）银行对账单记录。

表1-27-4　银行对账单记录

单位：元

月	日	摘要	金额
9	28	转账支票（票号为504）	8 000
	29	存入方转账支票（票号为2403）	40 600
	29	转账支票（票号为505）	63 600
	30	代付水费	800
	30	存款利息	620
	30	收回托收货款	24 000
	30	银行对账单余额	34 120

3）9月30日经逐笔核对，发现下列问题（银行对账单无错误）。

① 28 日，存入购货方转账支票（票号为 2403）应为 40 600 元，编制记账凭证时金额误记为 41 000 元，导致银行存款日记账登记为 41 000 元。

② 29 日，开出的转账支票（票号为 505）金额应为 63 600 元，编制记账凭证时金额误记为 63 000 元，导致银行存款日记账登记为 63 000 元。

四、实训指导

银行存款的清查采取与开户银行核对账目的方法进行，即将本单位的银行存款日记账与开户银行送来的银行对账单逐笔核对，一般在月末进行。

银行存款日记账与银行对账单不一致的原因可能有两种情况：一是企业或银行某一方记账有错误；二是存在未达账项。为了消除未达账项的影响，企业应根据核对后发现的未达账项，编制银行存款余额调节表。

银行存款余额调节表是一种对账记录或对账工具，不能作为调整账面记录的依据。调节后的余额，既不等于本单位银行存款日记账账面余额，也不等于银行对账单账面余额，而等于本单位可以支用的银行存款的实有数。调节后余额相符，说明双方记录基本正确；如果不符，说明一方或双方记录有误，需进一步追查，查明原因后予以更正和处理。

五、实训操作

1）根据资料 1，编制 6 月末银行存款余额调节表（表 1-27-5），分析调节后余额的含义（该公司会计为潘丽，出纳为贺红梅）。

表 1-27-5 银行存款余额调节表（1）

开户银行：

银行账号：　　　　　　　　　　　　　年　　月　　日　　　　　　　　　　　　　币种：

银行对账单余额													企业银行存款日记账余额												
调节内容	日期	凭证号数	摘要	百	十	万	千	百	十	元	角	分	调节内容	日期	结算凭证号数	摘要	百	十	万	千	百	十	元	角	分
加：企业已收，银行未收													加：银行已收，企业未收												
减：企业已付，银行未付													减：银行已付，企业未付												
调整后的（银行对账单）余额													调整后的（企业银行存款日记账）余额												

会计：　　　　　　　　　　　　　　　　　　出纳：

2）根据资料 2 完成以下内容。

① 更正记账错误，编制更正错账的记账凭证（凭证 1-27-1 和凭证 1-27-2），计算银行存款日记账的正确余额。

② 根据更正后的银行存款日记账记录和银行对账单记录，编制银行存款余额调节表（表 1-27-6）。（该公司会计为杨纯，出纳为龙辉）

凭证 1-27-1

记 账 凭 证

年　　月　　日　　　　　　　　　　　　　　　　　　　字第　　号

摘要	总账科目	明细科目	记账√	借方金额										记账√	贷方金额									
				千	百	十	万	千	百	十	元	角	分		千	百	十	万	千	百	十	元	角	分
合计																								

会计主管：　　　　　　记账：　　　　　　　　出纳：　　　　　　审核：　　　　　　制单：

附件　张

凭证 1-27-2

记 账 凭 证

年　　月　　日　　　　　　　　　　　　　　　　　　　字第　　号

摘要	总账科目	明细科目	记账√	借方金额										记账√	贷方金额									
				千	百	十	万	千	百	十	元	角	分		千	百	十	万	千	百	十	元	角	分
合计																								

会计主管：　　　　　　记账：　　　　　　　　出纳：　　　　　　审核：　　　　　　制单：

附件　张

表 1-27-6　银行存款余额调节表（2）

开户银行：
银行账号：　　　　　　　　　　　　　　　　年　　月　　日　　　　　　　　　　　　　　币种：

银行对账单余额				百	十	万	千	百	十	元	角	分	企业银行存款日记账余额					百	十	万	千	百	十	元	角	分
调节内容	日期	凭证号数	摘要										调节内容	日期	结算凭证号数	摘要										
加：企业已收， 　　银行未收													加：银行已收， 　　企业未收													
减：企业已付， 　　银行未付													减：银行已付， 　　企业未付													
调整后的（银行对账单）余额													调整后的（企业银行存款日记账）余额													

会计：　　　　　　　　　　　　　　　　　　　　　　出纳：

实训项目二十八　科目汇总表的编制

一、实训目标

能够正确编制科目汇总表。

二、实训要求

1）根据给定的经济业务编制记账凭证（自备记账凭证或以会计分录替代）。

2）编制科目汇总表。

三、实训资料

长沙市青丰工厂 2018 年 7 月上旬发生下列经济业务：

1）2 日，收回应收账款 51 000 元，存入银行。

2）3 日，生产甲产品领用 A 材料 32 000 元，领用 B 材料 15 000 元。

3）3 日，销售产品，价款为 200 000 元，销项税额为 32 000 元，款项尚未收到。

4）4 日，从银行取得 3 个月期借款 100 000 元，存入银行。

5）5 日，收到投资者投入资金 88 000 元，存入银行。

6）5 日，以银行存款 30 000 元归还银行短期借款。

7）6 日，以银行存款 23 000 元交纳应交税金。

8）8 日，以银行存款 7 000 元偿还应付账款。

9）9 日，将现金 4 000 元存入银行。

10）10 日，购买 B 材料 5 000 元，增值税税额为 800 元，价税款尚未支付，材料验收入库。

四、实训指导

1）科目汇总表的编制方法是，根据一定时期内的全部记账凭证，按照会计科目进行归类，定期汇总出每一个账户的借方本期发生额和贷方本期发生额，填写在科目汇总表的相关栏内。

2）科目汇总表可每月编制一张，按旬汇总，也可每旬汇总一次编制一张。

3）科目汇总表，只反映各个账户的借方本期发生额和贷方本期发生额，有发生额试算平衡的作用，但不能反映账户之间的对应关系。

4）科目汇总表可以作为登记总分类账的依据。

五、实训操作

1）根据实训资料编制长沙市青丰工厂 2018 年 7 月上旬经济业务的记账凭证（以会计分录代替记账凭证,将会计分录填入记账凭证编号及会计分录表中），如表 1-28-1 所示。

表 1-28-1　记账凭证编号及会计分录表

序号	凭证编号	会计分录
1		
2		
3		
4		
5		
6		
7		
8		
9		
10		

2）根据记账凭证（以会计分录代替）编制科目汇总表，如表 1-28-2 所示。

表 1-28-2 科目汇总表

凭证　号至　号　　　　　　　　　年　月　日至　年　月　日　　　　　　　　　　第　号

单位:元

会计科目	本期发生额	
	借方金额	贷方金额
合计		

实训项目二十九　资产负债表的编制

一、实训目标

能够正确编制资产负债表。

二、实训要求

根据给定的上年年末资产负债表和本期总分类账与有关明细分类账的期末余额资料，编制本期资产负债表。

三、实训资料

1）长沙市大洋机械厂 2017 年 12 月 31 日的资产负债表，如表 1-29-1 所示。

表 1-29-1　资产负债表（1）

会企 01 表

编制单位：长沙市大洋机械厂　　　　　　　　2017 年 12 月 31 日　　　　　　　　单位：元

资产	期末余额	年初余额	负债和所有者权益（或股东权益）	期末余额	年初余额
流动资产：			流动负债：		
货币资金	280 000		短期借款	100 000	
以公允价值计量且其变动计入当期损益的金融资产			以公允价值计量且其变动计入当期损益的金融负债		
衍生金融资产			衍生金融负债		
应收票据及应收账款	236 000		应付票据及应付账款	2 000	
预付款项	2 000		预收款项	40 800	
其他应收款	4 000		应付职工薪酬	4 000	
存货	300 600		应交税费	40 000	
持有待售资产			其他应付款	103 200	
一年内到期的非流动资产			持有待售负债		
其他流动资产			一年内到期的非流动负债		
流动资产合计	822 600		其他流动负债		
非流动资产：			流动负债合计	290 000	
可供出售金融资产			非流动负债：		
持有至到期投资			长期借款	400 000	
长期应收款			应付债券		
长期股权投资			其中：优先股		
投资性房地产			永续债		

续表

资产	期末余额	年初余额	负债和所有者权益（或股东权益）	期末余额	年初余额
固定资产	2 500 000		长期应付款		
在建工程			预计负债		
生产性生物资产			递延收益		
油气资产			递延所得税负债		
无形资产			其他非流动负债		
开发支出			非流动负债合计	400 000	
商誉			负债合计	690 000	
长期待摊费用			所有者权益（或股东权益）：		
递延所得税资产			实收资本（或股本）	2 392 600	
其他非流动资产			其他权益工具		
非流动资产合计	2 500 000		其中：优先股		
			永续债		
			资本公积	100 000	
			减：库存股		
			其他综合收益		
			盈余公积	40 000	
			未分配利润	100 000	
			所有者权益（或股东权益）合计	2 632 600	
资产总计	3 322 600		负债和所有者权益（或股东权益）总计	3 322 600	

2）长沙市大洋机械厂 2018 年 8 月 31 日的总分类账和有关明细分类账期末余额如表 1-29-2 所示。

表 1-29-2　总分类账和有关明细分类账期末余额

单位：元

账户名称	账户余额	
	借方	贷方
库存现金	800	
银行存款	865 000	
应收账款	75 000	
坏账准备		1 500
应收票据	200 000	
其他应收款	5 000	
原材料	360 000	
生产成本	790 000	
库存商品	1 340 000	
固定资产	2 328 000	
本年利润	182 700	
累计折旧		160 000
短期借款		340 000
应交税费		95 000

续表

账户名称	账户余额	
	借方	贷方
应付职工薪酬		600 000
实收资本		3 000 000
资本公积		950 000
盈余公积		400 000
利润分配		600 000
合计	6 146 500	6 146 500

注：其中，"应收账款——常胜公司"账户余额为借方 80 000 元，"应收账款——昌平公司"账户余额为贷方 5 000 元，按应收账款计提的坏账准备为 1 500 元。

四、实训指导

1）我国企业的资产负债表采用账户式结构。根据"资产=负债+所有者权益"这一会计等式编制。

2）资产负债表的各项目均需填列"年初余额"和"期末余额"两栏。其中"年初余额"栏通常根据上年年末有关项目的期末余额填列，"期末余额"栏一般应根据资产、负债和所有者权益类科目的期末余额填列。

3）资产负债表是反映企业财务状况的静态报表，也是企业基本会计报表之一，是所有独立核算的企业单位每月都必须对外报送的会计报表。

五、实训操作

根据实训资料编制长沙市大洋机械厂 2018 年 8 月 31 日的资产负债表，如表 1-29-3 所示。

表 1-29-3　资产负债表（2）

会企 01 表

编制单位：　　　　　　　　　　年　　月　　日　　　　　　　　　　单位：元

资产	期末余额	年初余额	负债和所有者权益（或股东权益）	期末余额	年初余额
流动资产：			流动负债：		
货币资金			短期借款		
以公允价值计量且其变动计入当期损益的金融资产			以公允价值计量且其变动计入当期损益的金融负债		
衍生金融资产			衍生金融负债		
应收票据及应收账款			应付票据及应付账款		
预付款项			预收款项		
其他应收款			应付职工薪酬		
存货			应交税费		
持有待售资产			其他应付款		
一年内到期的非流动资产			持有待售负债		
其他流动资产			一年内到期的非流动负债		

续表

资产	期末余额	年初余额	负债和所有者权益(或股东权益)	期末余额	年初余额
流动资产合计			其他流动负债		
非流动资产:			流动负债合计		
可供出售金融资产			非流动负债:		
持有至到期投资			长期借款		
长期应收款			应付债券		
长期股权投资			其中：优先股		
投资性房地产			永续债		
固定资产			长期应付款		
在建工程			预计负债		
生产性生物资产			递延收益		
油气资产			递延所得税负债		
无形资产			其他非流动负债		
开发支出			非流动负债合计		
商誉			负债合计		
长期待摊费用			所有者权益（或股东权益）:		
递延所得税资产			实收资本（或股本）		
其他非流动资产			其他权益工具		
非流动资产合计			其中：优先股		
			永续债		
			资本公积		
			减：库存股		
			其他综合收益		
			盈余公积		
			未分配利润		
			所有者权益（或股东权益）合计		
资产总计			负债和所有者权益（或股东权益）总计		

实训项目三十　利润表的编制

一、实训目标

能够理解"收入-费用=利润"这一会计等式，能够正确编制利润表。

二、实训要求

1）根据给定的资料确定收入和费用，并计算当期利润。

2）根据给定的损益类账户的发生额编制利润表。

三、实训资料

【资料1】长沙阳光公司2018年8月生产甲产品2 200件，每件成本为35元；生产乙产品500件，每件成本为600元。此外，发生相关费用7 500元。同时，8月共销售甲产品1 600件，每件售价为50元，货款全部未收到；销售乙产品450件，每件售价为900元，本月仅收回货款的20%。

【资料2】长沙市金山加工厂2018年6月30日损益类账户的发生额如表1-30-1所示。

表1-30-1　损益类账户的发生额

单位：元

账户	借方发生额	贷方发生额
主营业务收入		1 240 000
主营业务成本	660 000	
销售费用	52 000	
税金及附加	120 000	
其他业务收入		64 000
其他业务成本	50 000	
管理费用	48 000	
财务费用	4 000	
营业外收入		7 000
营业外支出	8 000	
所得税费用	92 250	

四、实训指导

1）我国企业利润表采用多步式结构。根据"收入-费用=利润"这一会计等式编制。

2）利润表的各项目均需填列"上期金额"和"本期金额"两栏。其中"上期金额"栏根据上年该期利润表"本期金额"栏内所列数据填列；"本期金额"栏根据损益类账户的本期发生额分析填列。

3）利润表是反映企业经营成果的动态报表，也是企业基本会计报表之一，是所有独立核算的企业单位每月都必须对外报送的会计报表。

五、实训操作

1）根据资料 1 计算长沙阳光公司 2018 年 8 月的收入总额、费用总额和利润总额，并填入表 1-30-2 中。

表 1-30-2　收入费用利润计算表

会计要素名称	计算过程
收入	
费用	
利润	

2）根据资料 2 编制长沙市金山加工厂 2018 年 6 月 30 日的利润表，如表 1-30-3 所示。

表 1-30-3　利润表

编制单位：　　　　　　　　　　　　年　　月　　　　　　　　　　　　单位：元

项目	本期金额	上期金额
一、营业收入		
减：营业成本		
税金及附加		
销售费用		
管理费用		
研发费用		
财务费用		
其中：利息费用		
利息收入		
资产减值损失		
加：其他收益		
投资收益（损失以"-"号填列）		
其中：对联营企业和合营企业的投资收益		

续表

项目	本期金额	上期金额
公允价值变动收益（损失以"-"号填列）		
资产处置收益（损失以"-"号填列）		
二、营业利润（亏损以"-"号填列）		
加：营业外收入		
减：营业外支出		
三、利润总额（亏损总额以"-"号填列）		
减：所得税费用		
四、净利润（净亏损以"-"号填列）		

第二部分　技 能 测 试

时长：90分钟　总分：100分

一、填制会计凭证（计40分，每张5分，原始凭证金额错误不得分，其他项目每错误一项扣1分，扣完为止，记账凭证分录错误不得分，其他项目每错误一项扣1分，扣完为止）

【资料1】2018年5月2日，威利保温杯公司签发现金支票，提取备用金3 000元，出票人开户银行为中国工商银行无锡市新丰支行；账号为886745223456788；单位主管为陈真；出纳为陈小雪；会计为龙晓；会计主管为苏青；税务登记号为320204758921351；地址为无锡市新丰路12号；电话为88432913。

要求：①签发现金支票（凭证2-1-1）；②编制记账凭证（凭证2-1-2），该张凭证为本月5号记账凭证。

凭证2-1-1

凭证 2-1-2

记 账 凭 证

年　　月　　日　　　　　　　　　　　　　　字第　　号

摘要	总账科目	明细科目	记账√	借方金额										记账√	贷方金额										附件张
				千	百	十	万	千	百	十	元	角	分		千	百	十	万	千	百	十	元	角	分	
合计																									

会计主管：　　　　　记账：　　　　　　出纳：　　　　　审核：　　　　　制单：

【资料2】2018 年 5 月 7 日，威利保温杯公司填开普通发票一张，销售给新中文具店保温杯 10 个，单价 29 元（含税价，税率为 16%），现金结算。纳税人识别号为 320204758921330；地址为盐城市锡阳路 36 号；电话为 88757687；开户行为中国工商银行无锡新丰支行；账号为 886745223256788。

要求：①填写普通发票（凭证 2-1-3）；②编制记账凭证（凭证 2-1-4），该张凭证为本月 31 号记账凭证。

凭证 2-1-3

湖南增值税普通发票　　　No04976579

此联不作报销、扣税凭证使用　　　　　开票日期：

购货单位	名　　称：				密码区	67/*+3*0/611*++0/+0*/*+3+2/9 *11*+66666**066611*+66666* 1**++216***6000*261*2*4/*547 203994+-42*64151*6915361/3*		第一联 记账联 销货方记账凭证
	纳税人识别号：							
	地址、电话：							
	开户行及账号：							
货物或应税劳务、服务名称	规格型号	单位	数量	单价	金额	税率	税额	
合　　计								
价税合计（大写）				（小写）				
销货单位	名　　称：			备注				
	纳税人识别号：							
	地址、电话：							
	开户行及账号：							

收款人：　　　　　复核：　　　　　开票人：　　　　　销货单位：（章）

凭证 2-1-4

记 账 凭 证

年　月　日　　　　　　　　　　　　　字第　号

摘要	总账科目	明细科目	记账√	借方金额										记账√	贷方金额										附件张
				千	百	十	万	千	百	十	元	角	分		千	百	十	万	千	百	十	元	角	分	
合计																									

会计主管：　　　　记账：　　　　　　出纳：　　　　　审核：　　　　　制单：

【资料3】2018 年 5 月 8 日，威利保温杯公司采购部业务员李强预支外出采购材料差旅费 2 000 元，出差地为长春。

要求：①填制公司内部借据（凭证 2-1-5）一张；②编制记账凭证（凭证 2-1-6），该张凭证为 35 号记账凭证。

凭证 2-1-5

借 款 单

年　月　日

资金性质：

部门		借款人	
借款理由			
金额	大写：	小写：	
领导批示		财务主管	

部门主管.　　　　　　　出纳：　　　　　　　领款人签收：

凭证 2-1-6

记 账 凭 证

年　月　日　　　　　　　　　　　　　字第　号

摘要	总账科目	明细科目	记账√	借方金额										记账√	贷方金额										附件张
				千	百	十	万	千	百	十	元	角	分		千	百	十	万	千	百	十	元	角	分	
合计																									

会计主管：　　　　记账：　　　　　　出纳：　　　　　审核：　　　　　制单：

【资料4】2018 年 5 月 14 日，威利保温杯公司填开增值税专用发票，货款尚未收到。具体资料如下：批发销售保温杯 500 个，单价 29 元（含税价，税率为 16%）。购买单位为天津市恒益百货公司，坐落于河东区大桥道 5 号；电话为 24148689；税号为 120111600504715；开户行为中国工商银行大桥道分理处；账号为 6409250114。

要求：①填制增值税专用发票（凭证 2-1-7）；②编制记账凭证（凭证 2-1-8，该张凭证为本月 69 号记账凭证）。

凭证 2-1-7

湖南增值税专用发票   No46567512

此联不作报销、扣税凭证使用   开票日期：

购货单位	名　　　称：					密码区	67/*+3*0/611*++0/+0*/*+3+2/9			
	纳税人识别号：						*11*+66666**066611*+66666*			
	地　址、电话：						1**+216***6000*261*2*4/*547			
	开户行及账号：						203994+-42*64151*6915361/3*			
货物或应税劳务、服务名称	规格型号	单位	数量	单价		金额	税率	税额	
合　　计									
价税合计（大写）						（小写）			
销货单位	名　　　称：					备注			
	纳税人识别号：								
	地　址、电话：								
	开户行及账号：								

收款人：　　　　　复核：　　　　　开票人：　　　　　销货单位：（章）

凭证 2-1-8

记 账 凭 证

　　　　　　　　　　　年　月　日　　　　　　　　字第　号

摘要	总账科目	明细科目	记账√	借方金额										记账√	贷方金额									
				千	百	十	万	千	百	十	元	角	分		千	百	十	万	千	百	十	元	角	分
合计																								

会计主管：　　　　　记账：　　　　　出纳：　　　　　审核：　　　　　制单：

二、根据新华公司有关资料，完成相关任务（60分）

1）2018 年 8 月初有关账户余额如表 2-1-1 所示。

表 2-1-1　期初账户余额

单位：元

账户名称	借方余额	账户名称	贷方余额
库存现金	500	短期借款	10 000
银行存款	35 000	应付账款	7 800
应收账款	4 500	应交税费	3 400
原材料	2 000	实收资本	100 000
库存商品	8 000	盈余公积	17 000
固定资产	83 200	利润分配	15 000
无形资产	20 000		

2）新华公司 8 月发生经济业务如下：

① 收到立达工厂偿还的前欠产品货款 3 000 元存入银行。

② 用银行存款 1 500 元支付税收滞纳金罚款支出。

③ 购入甲材料 500 千克，每千克 10 元，增值税税率为 16%，材料已验收入库，价税款开出转账支票支付。

④ 销售 A 产品 10 000 件，每件 15 元，增值税税率为 16%，款项收到存入银行。

⑤ 向银行借入长期借款 100 000 元，借款手续已办妥，款项已到账。

⑥ 本月出租的一台设备，取得租金收入 5 000 元存入银行，不考虑相关税费。

⑦ 收到投资者投入资本金 50 000 元存入银行。

⑧ 经批准用盈余公积转增资本 10 000 元。

⑨ 用银行存款支付本月销售产品的运杂费 4 000 元。

⑩ 计提本月出租设备的折旧 1 000 元。

要求：

① 分析上述经济业务引起公司会计要素的增减变化过程及结果，并将金额填入表 2-1-2 中。（10 分）

表 2-1-2　会计要素的增减变化表

单位：元

业务号	资产（+/-）	负债（+/-）	所有者权益（+/-）
期初余额			
业务 1			
业务 2			
业务 3			
业务 4			
业务 5			

续表

业务号	资产（+/-）	负债（+/-）	所有者权益（+/-）
业务6			
业务7			
业务8			
业务9			
业务10			
期末余额			

② 在表 2-1-3 中编制相关业务的会计分录，并分析经济业务的类型。（30 分）

表 2-1-3　会计分录及经济业务类型分析表

序号	会计分录	经济业务类型
1		
2		
3		
4		
5		
6		
7		
8		
9		
10		

③ 填写结账前的试算平衡表，如表 2-1-4 所示。（20 分）

表 2-1-4　试算平衡表

年　月　日　　　　　　　　　　单位：元

账户名称	期初余额		本期发生额		期末余额	
	借方	贷方	借方	贷方	借方	贷方

续表

账户名称	期初余额		本期发生额		期末余额	
	借方	贷方	借方	贷方	借方	贷方
合计						

技能测试卷二

时长：90 分钟　总分：100 分

一、填制原始凭证（计 20 分，每张 10 分，原始凭证金额错误不得分，其他项目每错误一项扣 1 分，扣完为止）

【资料 1】长沙含光服饰公司为增值税一般纳税企业，增值税税率为 16%，公司基本信息如下：纳税人识别号为 430105670662345；地址为长沙市开福区芙蓉中路 155 号；电话为 0731-82834657；开户行为中国工商银行中山支行；账号为 12834835268665；收款人为张为；复核为黄军；开票人为王明；出纳为陈兰兰；记账为刘艳青；制单为高华；会计主管为胡静；审核为李玲。

【资料 2】上海星林服装商场为增值税一般纳税企业，增值税税率为 16%，商场有关信息如下：纳税人识别号为 310107521425251；地址为上海市卢湾区大林路 366 号；电话为 021-3183 0177；开户行为中国工商银行大林支行；账号为 100123456270021。

【资料 3】2018 年 5 月 15 日，长沙含光服饰公司销售男式棉衬衣 800 件给上海星林服装商场，每件售价 300 元，上海星林服装商场采用转账支票方式支付价税款，长沙含光服饰公司已收到银行转账支票进账单收账通知。

要求：

① 以长沙含光服饰公司为主体，填制增值税专用发票（发票号为 05546487），如凭证 2-2-1 所示。

凭证 2-2-1

湖南增值税专用发票　　　No

此联不作报销、扣税凭证使用　　　　　　　　开票日期：

购货单位	名　　　称： 纳税人识别号： 地址、电话： 开户行及账号：			密码区	67/*+3*0/611*++0/+0*/*+3+2/9 *11*+66666**066611*+66666* 1**+216***6000*261*2*4/*547 203994+-42*64151*6915361/3*			第一联　记账联　销货方记账凭证
货物或应税劳务、服务名称	规格型号	单位	数量	单价	金额	税率	税额	
合　计								
价税合计（大写）				（小写）				
销货单位	名　　　称： 纳税人识别号： 地址、电话： 开户行及账号：			备注				

收款人：　　　　复核：　　　　开票人：　　　　销货单位：（章）

② 以上海星林服装商场为主体，填制转账支票（凭证 2-2-2），支付购买棉衬衣的价税款。

凭证 2-2-2

中国工商银行 转账支票存根 10203313 10613657	中国工商银行 转账支票

中国工商银行
转账支票存根
10203313
10613657

附加信息＿＿＿＿＿＿

＿＿＿＿＿＿＿＿＿＿

出票日期　年　月　日

收款人：	
金　额：	
用　途：	

单位主管：　　会计：

付款期限自出票之日起十天

中国工商银行　转账支票　　10203313
10613657

出票日期（大写）　年　月　日　　付款行名称：
收款人：　　　　　　　　　　　　出票人账号：

人民币（大写）		亿	千	百	十	万	千	百	十	元	角	分

用途＿＿＿＿＿＿　　　　密码＿＿＿＿＿＿＿＿
上列款项请从　　　　　　行号＿＿＿＿＿＿＿＿
我账户内支付
出票人签章　　　　　　　复核　　　　记账

二、编制记账凭证（计 10 分，记账凭证科目、方向、金额错误不得分，其他项目每错误一项扣 1 分，扣完为止）

要求：根据资料 3 的经济业务，以长沙含光服饰公司为会计主体，编制记账凭证（记账凭证原已编至记字第 18 号），如凭证 2-2-3 所示。

凭证 2-2-3

记 账 凭 证

年　月　日　　　　　　　　　　　　　　字第　号

摘要	总账科目	明细科目	记账√	借方金额										记账√	贷方金额										附件张
				千	百	十	万	千	百	十	元	角	分		千	百	十	万	千	百	十	元	角	分	
合计																									

会计主管：　　　记账：　　　出纳：　　　审核：　　　制单：

三、计算填表题（25 分）

【资料 1】长沙含光服饰公司 2018 年 4 月各账户的部分资料如表 2-2-1 所示。

要求：请将正确的数字填入括号内。（11.5 分，"合计"栏每空 1 分，其余栏每空 0.5 分）

表 2-2-1　账户发生额及余额表

单位：元

账户名称	期初余额		本期发生额		期末余额	
	借方	贷方	借方	贷方	借方	贷方
库存现金	950		4 360	（　）	960	
银行存款	2 690		（　）	7 460	（　）	
应收账款	（　）		（　）	18 400	0	
原材料	5 000		1 720	（　）	4 100	
固定资产	（　）		5 000	0	10 400	
短期借款		（　）	2 000	0		0
应付账款		3 700	4 400	（　）		2 000
应付票据		4 000	2 600			3 600
实收资本		20 000	0	（　）		20 000
合计	（　）	（　）	（　）	（　）	（　）	（　）

【资料 2】长沙含光服饰公司 2018 年 5 月 25～31 日银行存款日记账（表 2-2-2）和银行对账单（表 2-2-3）内容如下。

表 2-2-2　银行存款日记账（1）

单位：元

2018 年		记账凭证		摘要	结算凭证		借方	贷方	余额
月	日	字	号		种类	号数			
5	24			余额					200 000
5	25	银收	108	收销货款	电汇		234 000		
5	26	银付	228	付运费	转支	045		1 000	
5	27	银付	229	付购料款	转支	046		200 000	
5	30	银付	230	付购料款	电汇			90 000	
5	30	银付	231	付修理费	转支	047		2 500	
5	31	银收	109	收销货款	转支	127	150 000		

表 2-2-3　银行对账单

单位：元

2018 年		摘要	结算凭证		借方	贷方	余额
月	日		种类	号数			
5	24						200 000
5	26	宏江工厂	电汇			234 000	434 000
5	28	二场	转支	046	1 000		433 000

续表

2018 年		摘要	结算凭证		借方	贷方	余额
月	日		种类	号数			
5	28	丰立公司	转支	045	200 000		233 000
5	28	电费	信汇		23 000		210 000
5	28	中天公司	汇票	148		3 200	213 200
5	29	三环公司	信汇			60 000	273 200
5	30	货款	电汇		90 000		183 200

要求:

① 根据上述资料补充银行存款日记账（表 2-2-4），不要求结账。（每空 0.5 分，共计 3 分）

表 2-2-4　银行存款日记账（2）

单位: 元

2018 年		记账凭证		摘要	结算凭证		借方	贷方	余额
月	日	字	号		种类	号数			
5	24			余额					200 000
5	25	银收	108	收销货款	电汇		234 000		（　　）
5	26	银付	228	付运费	转支	045		1 000	（　　）
5	27	银付	229	付购料款	转支	046	200 000		（　　）
5	30	银付	230	付购料款	电汇			90 000	（　　）
5	30	银付	231	付修理费	转支	047		2 500	（　　）
5	31	银收	109	收销货款	转支	127	150 000		（　　）

② 将银行存款日记账与银行对账单进行逐笔核对，编制 5 月 31 日银行存款余额调节表，如表 2-2-5 所示。（10.5 分）

表 2-2-5　银行存款余额调节表

　　　年　　　月　　　日

单位: 元

项目	金额	项目	金额
企业银行存款日记账余额		银行对账单余额	
加: 银行已收，企业未收		加: 企业已收，银行未收	
减: 银行已付，企业未付		减: 企业已付，银行未付	
调节后的（企业银行存款日记账）余额		调节后的（银行对账单）余额	

四、会计分录题（45 分，每题计分标准按题目要求）

【资料】阳光企业外购 A、B 两种材料，生产和销售甲、乙两种产品。8 月末有关账户余额如下:"生产成本——甲产品"账户余额为 2 400 元;"生产成本——乙产品"账户余额为 3 500 元;"原材料——A 材料"账户余额为 40 000 元，结存数量为 5 000 千克;"原材料——B 材料"账户余额为 20 000 元，结存数量为 2 000 千克；"库存商品——甲产品"账户余额为 240 000 元，结存数量为 4 000 件；"库存商品——乙产品"账户余额为 120 000元，结存数量为 1 500 件。

要求：根据阳光企业 2018 年 9 月发生的如下业务编制会计分录。

① 5 日，购入 A 材料 3 000 千克，单价 9 元，购入 B 材料 2 000 千克，单价 9.5 元，开出现金支票支付两种材料运费 2 000 元（运费未取得增值税专用发票），按材料重量分配。增值税税率为 16%，价税款原已预付 30%，余款采用银行汇票方式结清。材料验收入库，计算当日所购 A 材料和 B 材料的采购总成本和单位成本（4 分），编制购入材料的会计分录（3 分）。

② 15 日，假设企业依次按下列顺序领用材料：生产甲产品领用 A 材料 2 500 千克，B材料 1 000 千克；生产乙产品领用 A 材料 500 千克，B 材料 2 000 千克；车间管理部门领用A 材料 1 800 千克；行政管理部门领用 B 材料 800 千克；销售部门领用 A 材料 600 千克。企业发出材料采用先进先出法，计算发出材料的成本（2 分），并编制领用材料的会计分录（3 分）。

③ 16 日，销售甲产品 2 000 件给青山公司，每件售价 100 元，价税款已收到并存入银行；销售乙产品 600 件给大海公司，每件售价 120 元，价税款尚未收到。编制确认收入的会计分录（3 分）。

④ 25 日，计提本月生产车间设备折旧费 3 250 元。编制计提折旧的会计分录（3 分）。

⑤ 30 日，生产甲产品工人工资 18 000 元，乙产品工人工资 12 000 元，车间管理人员工资 6 000 元，行政管理人员工资 4 000 元，销售部门人员工资 5 000 元，在建工程人员工资 8 000 元。编制分配工资的会计分录（3 分）。

⑥ 30 日，按工资总额的 20% 计提工资附加费。编制提取时的会计分录（3 分）。

⑦ 30 日，归集分配本月发生的制造费用（按生产工人工资比例进行分配，2 分）。编制结转制造费用的会计分录（3 分）。

⑧ 30 日，产品完工验收入库。甲产品 1 000 件全部完工入库，乙产品完工 500 件，还有部分未完工，乙产品月末在产品成本为 1 000 元。计算完工的甲、乙产品生产成本（2 分），并编制完工入库的会计分录（3 分）。

⑨ 30 日，采用加权平均法计算本月销售甲、乙产品的生产成本（加权平均单价除不尽时，四舍五入保留三位小数，2 分），并编制结转本月甲产品、乙产品销售成本的会计分录（3 分）。

⑩ 30 日，计算本月应交的增值税，并按应交增值税的 7% 计算应交城市维护建设税，3%计提应交教育费附加（3 分），并编制计提城市维护建设税和教育费附加的会计分录（3 分）。

技能测试卷三

时长：90 分钟　总分：100 分

一、填表题（将正确数字填入括号内，每空 2 分，共 20 分）

长沙天心公司 2018 年年末总资产比年初总资产多 45 000 元，年末流动资产是年末流动负债的 3.5 倍。2018 年年末的资产、负债及所有者权益如表 2-3-1 所示。

表 2-3-1　2018 年年末的资产、负债及所有者权益

资产	期末余额	年初余额	负债及所有者权益	期末余额	年初余额
流动资产			流动负债		
货币资金	16 500	12 500	短期借款	9 700	4 500
应收账款	（　　）	43 500	应付账款	4 900	（　　）
预付账款	24 000	（　　）	应交税费	（　　）	6 500
存货	42 000	20 000	流动负债合计	28 400	23 000
流动资产合计	（　　）	（　　）	非流动负债		
非流动资产			长期借款	109 600	80 000
固定资产	200 600	164 000	所有者权益		
			实收资本	120 000	120 000
			盈余公积	（　　）	32 000
			所有者权益合计	162 000	152 000
合计	（　　）	（　　）	合计	（　　）	255 000

二、根据南方机械厂相关资料完成操作（80 分）

1）登记银行存款日记账。（13 分）

2）登记"原材料——生铁"明细分类账、"生产成本——和泥机"明细分类账。（20 分）

3）企业采用记账凭证账务处理程序，要求根据记账凭证登记"应交税费""原材料""生产成本"总分类账。（15 分）

4）对所开设账户进行月末结账。（12 分）

5）计算 2018 年 1 月末，南方机械厂资产负债表中的货币资金、应收账款、存货、固定资产、未分配利润指标的金额。（每项 4 分，共计 20 分）

南方机械厂 2017 年 12 月 31 日总分类账余额如表 2-3-2 所示。

表 2-3-2　总分类账余额

账户名称	账户余额	
	借方	贷方
库存现金	600	
银行存款	850 000	
应收账款	1 412 000	
坏账准备		56 000
应收票据	300 000	
其他应收款	200 000	
原材料	780 000	
生产成本	720 000	
库存商品	560 000	
固定资产	2 328 800	
累计折旧		400 000
在建工程	800 000	
应交税费		95 400
应付职工薪酬		600 000
实收资本		5 000 000
资本公积		1 000 000
盈余公积		300 000
利润分配		500 000
合计	7 951 400	7 951 400

2017 年 12 月 31 日部分明细分类账余额如下：

①"应收账款——福建昌平公司"账户余额为借方 50 000 元；"应收账款——长江建筑公司"账户余额为借方 1 362 000 元。

②"原材料——生铁"明细分类账期初结存数量为 3 000 千克，单位成本为 2.20 元。

③"应交税费——应交所得税"明细分类账余额为 95 400 元。

④"库存商品——和泥机"明细分类账余额：数量 20 台，单位成本 21 000 元；"库存商品——搅拌机"明细分类账余额：数量 7 台，单位成本 20 000 元。

⑤"生产成本——和泥机"明细分类账余额：直接材料为 200 000 元；直接人工为 80 000 元，制造费用为 20 000 元。

南方机械厂 2018 年 1 月记账凭证，如凭证 2-3-1～凭证 2-3-16 所示。

凭证 2-3-1

记 账 凭 证

2018 年 1 月 1 日 　　　　　　　　　　记字第 1 号

摘要	总账科目	明细科目	记账√	借方金额										记账√	贷方金额									
				千	百	十	万	千	百	十	元	角	分		千	百	十	万	千	百	十	元	角	分
提现备用	库存现金					1	0	0	0	0	0	0	0											
	银行存款																1	0	0	0	0	0	0	0
合计					¥	1	0	0	0	0	0	0	0			¥	1	0	0	0	0	0	0	0

附件 1 张

会计主管：李丽　　　　记账：刘晓菲　　　　出纳：周红　　　　审核：王杰　　　　制单：赵司

凭证 2-3-2

记 账 凭 证

2018 年 1 月 2 日 　　　　　　　　　　记字第 2 号

摘要	总账科目	明细科目	记账√	借方金额										记账√	贷方金额									
				千	百	十	万	千	百	十	元	角	分		千	百	十	万	千	百	十	元	角	分
预支差旅费	其他应收款						8	0	0	0	0	0	0											
	银行存款																	8	0	0	0	0	0	0
合计						¥	8	0	0	0	0	0	0				¥	8	0	0	0	0	0	0

附件 2 张

会计主管：李丽　　　　记账：刘晓菲　　　　出纳：周红　　　　审核：王杰　　　　制单：赵司

凭证 2-3-3

记 账 凭 证

2018 年 1 月 5 日　　　　　　　　　　　　　　　记字第　3　号

摘要	总账科目	明细科目	记账√	借方金额										记账√	贷方金额										
				千	百	十	万	千	百	十	元	角	分		千	百	十	万	千	百	十	元	角	分
购入生铁4 000千克	原材料	生铁			1	0	0	0	0	0	0	0	0											
		铸造铁			1	0	8	0	0	0	0	0	0											
	应交税费	应交增值税（进项税额）				3	3	2	8	0	0	0	0											
		银行存款															2	4	1	2	8	0	0	0
合计					¥	2	4	1	2	8	0	0	0			¥	2	4	1	2	8	0	0	0

附件 3 张

会计主管：李丽　　　　记账：刘晓菲　　　　出纳：周红　　　　审核：王杰　　　　制单：赵司

凭证 2-3-4

记 账 凭 证

2018 年 1 月 6 日　　　　　　　　　　　　　　　记字第　4　号

摘要	总账科目	明细科目	记账√	借方金额										记账√	贷方金额										
				千	百	十	万	千	百	十	元	角	分		千	百	十	万	千	百	十	元	角	分
报销	管理费用	办公费						5	0	0	0	0												
		库存现金																	5	0	0	0	0	
合计								¥	5	0	0	0	0						¥	5	0	0	0	0

附件 1 张

会计主管：李丽　　　　记账：刘晓菲　　　　出纳：周红　　　　审核：王杰　　　　制单：赵司

凭证 2-3-5

记 账 凭 证

2018 年 1 月 6 日　　　　　　　　　　　　　记字第 5 号

摘要	总账科目	明细科目	记账√	借方金额										记账√	贷方金额									
				千	百	十	万	千	百	十	元	角	分		千	百	十	万	千	百	十	元	角	分
销售	应收账款	长沙建筑公司				3	4	8	0	0	0	0	0												
	主营业务收入																	3	0	0	0	0	0	0	0
	应交税费	应交增值税（销项税额）																	4	8	0	0	0	0	0
合计					¥	3	4	8	0	0	0	0	0			¥	3	4	8	0	0	0	0	0

附件 3 张

会计主管：李丽　　记账：刘晓菲　　出纳：　　审核：王杰　　制单：赵司

凭证 2-3-6

记 账 凭 证

2018 年 1 月 9 日　　　　　　　　　　　　　记字第 6 号

摘要	总账科目	明细科目	记账√	借方金额										记账√	贷方金额									
				千	百	十	万	千	百	十	元	角	分		千	百	十	万	千	百	十	元	角	分
收款	银行存款					5	0	0	0	0	0	0	0												
	应收账款	福建昌平公司																5	0	0	0	0	0	0	0
合计					¥	5	0	0	0	0	0	0	0			¥	5	0	0	0	0	0	0	0

附件 1 张

会计主管：李丽　　记账：刘晓菲　　出纳：周红　　审核：王杰　　制单：赵司

凭证 2-3-7

记 账 凭 证

2018 年 1 月 10 日   记字第 7 号

摘要	总账科目	明细科目	记账√	借方金额										记账√	贷方金额										
				千	百	十	万	千	百	十	元	角	分		千	百	十	万	千	百	十	元	角	分
发工资	应付职工薪酬				1	0	0	0	0	0	0	0	0											
		银行存款															8	1	5	0	0	0	0
		其他应付款															1	8	5	0	0	0	0
合计					¥	1	0	0	0	0	0	0	0			¥	1	0	0	0	0	0	0	0

附件 2 张

会计主管：李丽   记账：刘晓菲   出纳：周红   审核：王杰   制单：赵司

凭证 2-3-8

记 账 凭 证

2018 年 1 月 12 日   记字第 8 号

摘要	总账科目	明细科目	记账√	借方金额										记账√	贷方金额										
				千	百	十	万	千	百	十	元	角	分		千	百	十	万	千	百	十	元	角	分
交税	应交税费	应交企业所得税				9	5	4	0	0	0	0	0											
		银行存款																9	5	4	0	0	0	0
合计						¥	9	5	4	0	0	0	0				¥	9	5	4	0	0	0	0

附件 1 张

会计主管：李丽   记账：刘晓菲   出纳：周红   审核：王杰   制单：赵司

凭证 2-3-9

记 账 凭 证

2018 年 1 月 18 日   记字第 9 号

摘要	总账科目	明细科目	记账√	借方金额										记账√	贷方金额										附件
				千	百	十	万	千	百	十	元	角	分		千	百	十	万	千	百	十	元	角	分	
在建工程验收	固定资产	厂房			8	0	0	0	0	0	0	0	0												附件1张
	在建工程															8	0	0	0	0	0	0	0	0	
合计					¥	8	0	0	0	0	0	0	0	0		¥	8	0	0	0	0	0	0	0	0

会计主管：李丽   记账：刘晓菲   出纳：   审核：王杰   制单：赵司

凭证 2-3-10

记 账 凭 证

2018 年 1 月 31 日   记字第 10 号

摘要	总账科目	明细科目	记账√	借方金额										记账√	贷方金额										附件
				千	百	十	万	千	百	十	元	角	分		千	百	十	万	千	百	十	元	角	分	
领用生铁29 670 丁克和其他材料	生产成本	和泥机					7	4	4	0	0	0	0												附件1张
	制造费用							5	0	0	0	0	0												
	管理费用							1	0	0	0	0	0												
	原材料	生铁																	7	4	4	0	0	0	
		其他材料																	1	5	0	0	0	0	
合计					¥	8	9	4	0	0	0	0	0		¥	8	9	4	0	0	0	0	0		

会计主管：李丽   记账：刘晓菲   出纳：   审核：王杰   制单：赵司

凭证 2-3-11

记 账 凭 证

2018 年 1 月 31 日　　　　　　　　　　　　　　　　　　　记字第　11　号

摘要	总账科目	明细科目	记账√	借方金额										记账√	贷方金额									
				千	百	十	万	千	百	十	元	角	分		千	百	十	万	千	百	十	元	角	分
分配工资	生产成本	和泥机					4	5	6	0	0	0	0											
		搅拌机					2	2	8	0	0	0	0											
	制造费用						2	2	8	0	0	0	0											
	管理费用						4	5	6	0	0	0	0											
	应付职工薪酬															1	3	6	8	0	0	0	0
合计					¥	1	3	6	8	0	0	0	0			¥	1	3	6	8	0	0	0	0

会计主管：李丽　　　　　记账：刘晓菲　　　　出纳：　　　　　审核：王杰　　　制单：赵司

附件 1 张

凭证 2-3-12

记 账 凭 证

2018 年 1 月 31 日　　　　　　　　　　　　　　　　　　　记字第　12　号

摘要	总账科目	明细科目	记账√	借方金额										记账√	贷方金额									
				千	百	十	万	千	百	十	元	角	分		千	百	十	万	千	百	十	元	角	分
计提折旧	制造费用							4	0	0	0	0	0											
	管理费用							3	2	8	8	0	0											
	销售费用							1	2	5	0	0	0											
	累计折旧																	8	5	3	8	0	0
合计						¥	8	5	3	8	0	0					¥	8	5	3	8	0	0

会计主管：李丽　　　　　记账：刘晓菲　　　　出纳：　　　　　审核：王杰　　　制单：赵司

附件 1 张

凭证 2-3-13

记 账 凭 证

2018 年 1 月 31 日   记字第 13 号

摘要	总账科目	明细科目	记账√	借方金额										记账√	贷方金额									
				千	百	十	万	千	百	十	元	角	分		千	百	十	万	千	百	十	元	角	分
分配结转制造费用	生产成本	和泥机				2	1	2	0	0	0	0	0											
		搅拌机				1	0	6	0	0	0	0	0											
	制造费用															3	1	8	0	0	0	0	0
合计				¥	3	1	8	0	0	0	0	0			¥	3	1	8	0	0	0	0	0	

附件 1 张

会计主管：李丽   记账：刘晓菲   出纳：   审核：王杰   制单：赵司

凭证 2-3-14

记 账 凭 证

2018 年 1 月 31 日   记字第 14 号

摘要	总账科目	明细科目	记账√	借方金额										记账√	贷方金额									
				千	百	十	万	千	百	十	元	角	分		千	百	十	万	千	百	十	元	角	分
结转销售成本	主营业务成本	和泥机				1	0	5	0	0	0	0	0											
	库存商品															1	0	5	0	0	0	0	0
合计				¥	1	0	5	0	0	0	0	0			¥	1	0	5	0	0	0	0	0	

附件 1 张

会计主管：李丽   记账：刘晓菲   出纳：   审核：王杰   制单：赵司

凭证 2-3-15

记 账 凭 证

2018 年 1 月 31 日   记字第 15 号

摘要	总账科目	明细科目	记账√	借方金额 千	百	十	万	千	百	十	元	角	分	记账√	贷方金额 千	百	十	万	千	百	十	元	角	分
结转	主营业务收入					3	0	0	0	0	0	0	0											
	本年利润																3	0	0	0	0	0	0	0
合计				¥		3	0	0	0	0	0	0	0		¥		3	0	0	0	0	0	0	0

附件 0 张

会计主管：李丽   记账：刘晓菲   出纳：   审核：王杰   制单：赵司

凭证 2-3-16

记 账 凭 证

2018 年 1 月 31 日   记字第 16 号

摘要	总账科目	明细科目	记账√	借方金额 千	百	十	万	千	百	十	元	角	分	记账√	贷方金额 千	百	十	万	千	百	十	元	角	分
结转	本年利润					1	6	5	6	3	8	0	0											
	主营业务收入																1	0	5	0	0	0	0	0
	管理费用																	5	9	3	8	8	0	0
	销售费用																		1	2	5	0	0	0
合计				¥		1	6	5	6	3	8	0	0		¥		1	6	5	6	3	8	0	0

附件 0 张

会计主管：李丽   记账：刘晓菲   出纳：   审核：王杰   制单：赵司

银行存款日记账如表 2-3-3 所示。

表 2-3-3　银行存款日记账

年		记账凭证		摘要	结算凭证		借方	贷方	余额
月	日	字	号		种类	号数			

各类明细分类账和总分类账如表 2-3-4～表 2-3-8 所示。

表 2-3-4　"原材料"明细分类账

户名（品名）：

年		凭证字号	摘要	借方			贷方			余额		
月	日			数量	单价	金额	数量	单价	金额	数量	单价	金额

表 2-3-5　"生产成本"明细分类账

产品名称：

年		凭证号数	摘要	成本项目			合计
月	日			直接材料	直接人工	制造费用	

表 2-3-6 总分类账（1）

会计科目：

年		凭证编号	摘要	借方	贷方	借或贷	余额
月	日						

表 2-3-7 总分类账（2）

会计科目：

年		凭证编号	摘要	借方	贷方	借或贷	余额
月	日						

表 2-3-8 总分类账（3）

会计科目：

年		凭证编号	摘要	借方	贷方	借或贷	余额
月	日						

技能测试卷四

时长：90 分钟　总分：100 分

一、根据资料完成相关操作

中华机械厂为增值税一般纳税企业，相关资料如下：企业名称为中华机械厂（制造业）；法人代表兼厂长为沈培良；会计机构负责人为李湘；会计（制单员）为张林；出纳为江宁；存货核算采用实际成本计价，发出存货采用全月一次加权平均法计价。

1）2018 年 3 月 31 日有关账户余额如表 2-4-1 所示。

表 2-4-1　账户余额表

金额单位：元

总账科目	明细科目	计量单位	数量	单价	借方余额	贷方余额
库存现金					5 000	
银行存款					1 470 680	
应收票据					10 000	
	长沙新丰铝厂				10 000	
应收账款					83 000	
	武汉长江工厂				53 000	
	华光物资公司				30 000	
坏账准备						50 000
其他应收款					4 927	
	衡阳市运输公司				1 927	
	杨易				3 000	
应收股利					8 000	
原材料					448 400	
	10 号材料	千克	4 600	50.00	230 000	
	1 号材料	千克	30 000	0.28	8 400	
	7 号材料	千克	7 000	30.00	210 000	
库存商品					156 000	
	甲产品	台	200	780.00	156 000	
生产成本	甲产品	台			79 320	
固定资产					7 485 000	
累计折旧						1 497 000
长期股权投资					400 000	

续表

总账科目	明细科目	计量单位	数量	单价	借方余额	贷方余额
短期借款						50 000
应交税费					28 934	
应付票据						40 000
应付账款					30 000	
	大金工厂				30 000	
应付职工薪酬	工资				6 540	
实收资本						6 200 000
资本公积						1 180 528
盈余公积						645 000
本年利润						580 000
利润分配					26 727	
合　计					10 242 528	10 242 528

2）中华机械厂 2018 年 4 月 1～20 日发生经济业务涉及的账户汇总（已登记入账），如表 2-4-2 所示。

表 2-4-2　账户发生额合计表

单位：元

科目名称	借方金额合计	贷方金额合计
库存现金		1 350.00
银行存款	16 334.28	449 994.80
其他货币资金	160 000.00	160 000.00
应收票据		10 000.00
应收账款	789 672.63	
坏账准备	23 000.00	
其他应收款	800.00	
在途物资	102 937.00	
原材料	110 279.00	404 100.00
生产成本	425 000.00	
待处理财产损溢——待处理流动资产损溢	1 100.00	
固定资产	530 000.00	
应付职工薪酬	70 014.00	70 014.00
应交税费	44 624.00	159 081.79
其他应付款		10 502.10
制造费用	38 000.00	
主营业务收入		1 050 000.00
管理费用	3 050.00	
财务费用	231.78	
合计	2 315 042.69	2 315 042.69

3）中华机械厂 2018 年 4 月 21～30 日（第 3 旬）发生经济业务的原始凭证，如凭证 2-4-1～凭证 2-4-6 所示。

凭证 2-4-1

2018 年 4 月固定资产折旧计算表

2018 年 4 月 30 日　　　　　　　　　　　　　　　　单位：元

使用部门或用途	月初固定资产原值	月折旧额计算	月折旧额
生产车间	5 652 000	5 618 000×0.8%+34 000×0.6%	46 984
管理部门	973 000	948 000×0.8%+25 000×0.6%	7 734
出租	860 000	860 000×0.5%	2 700
合计	7485 000		57 418

复核：李湘　　　　　　　　　　　　制单：张林

凭证 2-4-2

制造费用结转分配表

2018 年 4 月 30 日　　　　　　　　　　　　　　　　单位：元

制造费用		产品收益额	
部门	金额	产品名称	金额
基本生产车间	84 984	甲产品	84 984

会计主管：李湘　　　　复核：李湘　　　　记账：张林　　　　制单：张林

凭证 2-4-3

甲产品成本计算单

2018 年 4 月 30 日　　　　　　　　　　　　　　　　单位：元

项目	行次	直接材料	直接人工	制造费用	合计
期初在产品成本	1	58 720	12 345	8 255	79 320
本期发生生产费用	2	382 488	79 372	48 124	509 984
生产费用合计	3	441 208	91 717	56 379	589 304
期末在产品成本	4	58 720	12 345	8 255	79 320
本期完工产品成本（860 台）	5	382 488	79 372	48 124	509 984
单位产品成本		444.76	92.29	55.95	593.00

复核：李湘　　　　　　　　　　　　制单：张林

凭证 2-4-4

甲产品入库单

交货单位：基本生产车间　　　　　　　　2018 年 4 月 30 日　　　　　　　　　　　第 001 号

产品名称	单位	数量	单位成本	成本总额							
				十	万	千	百	十	元	角	分
甲产品	台	860	593.00	5	0	9	9	8	4	0	0
		合计		5	0	9	9	8	4	0	0

送检员：邓小兵　　　　　　检验员：罗霄　　　　　　　记账员：张林　　　　　　保管员：张军

凭证 2-4-5

产品销售成本计算表

2018 年 4 月 30 日　　　　　　　　　　　　　　　　　　　　　金额单位：元

产品名称	数量/箱	单位成本	总成本
甲产品	700	629.29	440 503.00
合计			440 503.00
备注：			

会计：张林　　　　　　　　复核：李湘　　　　　　　　　　　制单：张林

凭证 2-4-6

企业所得税计算表

2018 年 4 月 30 日

项目	金额	备注
利润总额	596 481.22	只计算本月应交的所得税费用，不考虑纳税调整项，即假定本月利润总额为应纳税所得额
应纳税所得额	596 481.22	
税率/25%	25%	
应纳所得税额	149 120.31	

要求：

① 根据资料填写损益类账户计算表，如表 2-4-3 所示。（6 分）

表2-4-3　损益类账户计算表

单位：元

损益类账户名称	本月发生额合计

注：结转本月损益类账户。

②　根据资料编制记账凭证（本月记账凭证编号已编至 38 号），如凭证 2-4-7～凭证 2-4-13 所示。（每张凭证 4 分，共 28 分）

凭证 2-4-7

记 账 凭 证

年　　月　　日　　　　　　　　　　字第　　号

摘要	总账科目	明细科目	记账√	借方金额 千百十万千百十元角分	记账√	贷方金额 千百十万千百十元角分
合计						

会计主管：　　　　记账：　　　　　出纳：　　　　审核：　　　　制单：

附件　张

凭证 2-4-8

记 账 凭 证

年　　月　　日　　　　　　　　　　字第　　号

摘要	总账科目	明细科目	记账√	借方金额 千百十万千百十元角分	记账√	贷方金额 千百十万千百十元角分
合计						

会计主管：　　　　记账：　　　　　出纳：　　　　审核：　　　　制单：

附件　张

凭证 2-4-9

记 账 凭 证

年　　月　　日　　　　　　　　　　　　　　　　字第　　号

摘要	总账科目	明细科目	记账√	借方金额										记账√	贷方金额										附件张
				千	百	十	万	千	百	十	元	角	分		千	百	十	万	千	百	十	元	角	分	
合计																									

会计主管：　　　　　记账：　　　　　　　　出纳：　　　　　　审核：　　　　　制单：

凭证 2-4-10

记 账 凭 证

年　　月　　日　　　　　　　　　　　　　　　　字第　　号

摘要	总账科目	明细科目	记账√	借方金额										记账√	贷方金额										附件张
				千	百	十	万	千	百	十	元	角	分		千	百	十	万	千	百	十	元	角	分	
合计																									

会计主管：　　　　　记账：　　　　　　　　出纳：　　　　　　审核：　　　　　制单：

凭证 2-4-11

记 账 凭 证

年　　月　　日　　　　　　　　　　　　　　　　字第　　号

摘要	总账科目	明细科目	记账√	借方金额										记账√	贷方金额										附件张
				千	百	十	万	千	百	十	元	角	分		千	百	十	万	千	百	十	元	角	分	
合计																									

会计主管：　　　　　记账：　　　　　　　　出纳：　　　　　　审核：　　　　　制单：

凭证 2-4-12

记 账 凭 证

年　月　日　　　　　　　　　　　　　　　字第　号

摘要	总账科目	明细科目	记账√	借方金额										记账√	贷方金额										附件张
				千	百	十	万	千	百	十	元	角	分		千	百	十	万	千	百	十	元	角	分	
合计																									

会计主管：　　　　　记账：　　　　　　出纳：　　　　　审核：　　　　　制单：

凭证 2-4-13

记 账 凭 证

年　月　日　　　　　　　　　　　　　　　字第　号

摘要	总账科目	明细科目	记账√	借方金额										记账√	贷方金额										附件张
				千	百	十	万	千	百	十	元	角	分		千	百	十	万	千	百	十	元	角	分	
合计																									

会计主管：　　　　　记账：　　　　　　出纳：　　　　　审核：　　　　　制单：

③ 根据记账凭证编制第 3 旬的科目汇总表，如表 2-4-4 所示。（10 分）

表 2-4-4　科目汇总表

第　号

凭证　号至　号　　　　　　　年　月　日至　日　　　　　　　单位：元

科目名称	借方金额合计	贷方金额合计
库存现金		
银行存款		
应收账款		

续表

科目名称	借方金额合计	贷方金额合计
其他应收款		
原材料		
应付职工薪酬		
应交税费		
其他应付款		
销售费用		
制造费用		
管理费用		
生产成本		
库存商品		
主营业务成本		
主营业务收入		
累计折旧		
本年利润		
财务费用		
其他业务成本		

制表人：

④ 根据科目汇总表登记总分类账。（账页自备）（26分）

⑤ 根据总分类账和明细分类账资料编制资产负债表，如表2-4-5所示。（20分）

表2-4-5 资产负债表

会企01表

编制单位：　　　　　　　　年　　月　　日　　　　　　　　单位：元

资产	期末余额	年初余额	负债和所有者权益（或股东权益）	期末余额	年初余额
流动资产：			流动负债：		
货币资金			短期借款		
以公允价值计量且其变动计入当期损益的金融资产			以公允价值计量且其变动计入当期损益的金融负债		
衍生金融资产			衍生金融负债		
应收票据及应收账款			应付票据及应付账款		
预付款项			预收款项		
其他应收款			应付职工薪酬		
存货			应交税费		
持有待售资产			其他应付款		

续表

资产	期末余额	年初余额	负债和所有者权益（或股东权益）	期末余额	年初余额
一年内到期的非流动资产			持有待售负债		
其他流动资产			一年内到期的非流动负债		
流动资产合计			其他流动负债		
非流动资产：			流动负债合计		
可供出售金融资产			非流动负债：		
持有至到期投资			长期借款		
长期应收款			应付债券		
长期股权投资			其中：优先股		
投资性房地产			永续债		
固定资产			长期应付款		
在建工程			预计负债		
生产性生物资产			递延收益		
油气资产			递延所得税负债		
无形资产			其他非流动负债		
开发支出			非流动负债合计		
商誉			负债合计		
长期待摊费用			所有者权益（或股东权益）：		
递延所得税资产			实收资本（或股本）		
其他非流动资产			其他权益工具		
非流动资产合计			其中：优先股		
			永续债		
			资本公积		
			减：库存股		
			其他综合收益		
			盈余公积		
			未分配利润		
			所有者权益（或股东权益）合计		
资产总计			负债和所有者权益（或股东权益）总计		

⑥ 根据损益类账户发生额编制利润表，如表 2-4-6 所示。（10 分）

表 2-4-6　利润表

编制单位：　　　　　　　　　　　　　年　　月　　　　　　　　　　　　　　单位：元

项目	本期金额	上期金额
一、营业收入		
减：营业成本		
税金及附加		
销售费用		
管理费用		
研发费用		

续表

项目	本期金额	上期金额
财务费用		
其中：利息费用		
利息收入		
资产减值损失		
加：其他收益		
投资收益（损失以"-"号填列）		
其中：对联营企业和合营企业的投资收益		
公允价值变动收益（损失以"-"号填列）		
资产处置收益（损失以"-"号填列）		
二、营业利润（亏损以"-"号填列）		
加：营业外收入		
减：营业外支出		
三、利润总额（亏损总额以"-"号填列）		
减：所得税费用		
四、净利润（净亏损以"-"号填列）		

技能测试卷五

时长：90 分钟　总分：100 分

一、根据资料填表（20 分）

清风冶金厂 2018 年 9 月发生部分经济业务如下：

1）销售产品一批，价款 83 000 元，收到 50 000 元存入银行，余款未收。

2）收到岳阳冶金厂归还的上月货款 23 000 元存入银行。

3）销售产品一批，价款 12 000 元，收到商业汇票一张。

4）预提本月短期借款利息 800 元。

5）摊销本月保险费 1 000 元，原已计入预付账款。

6）以银行存款支付本月水电费 1 500 元。

7）预付衡南工厂货款 10 000 元，合同约定下月交货。

8）按销售收入的 70% 计算确定本期主营业务成本。

9）预付第 4 季度房屋租金 12 000 元。

10）本期发生水电费 5 000 元，款项尚未支付。

分别用权责发生制和收付实现制计算 9 月的收入费用利润，如表 2-5-1 所示。

表 2-5-1　收入费用利润计算表

序号	权责发生制		收付实现制	
	收入金额	费用金额	收入金额	费用金额
1				
2				
3				
4				
5				
6				
7				
8				
9				

续表

序号	权责发生制		收付实现制	
	收入金额	费用金额	收入金额	费用金额
10				
本期利润				

二、填制专用记账凭证（48 分）

1）根据所给龙云公司 2018 年 2 月 27 日～3 月 5 日的经济业务编制专用记账凭证。（公司出纳为杨丽，制单为陈云辉）

① 2 月 27 日，收到三元公司归还前欠货款 80 000 元存入银行。（凭证号：银收 28 号）

② 2 月 28 日，以银行存款归还本月到期的短期借款 40 000 元。（凭证号：银付 30 号）

③ 3 月 1 日，出售产品一批，价款 50 000 元，增值税税额为 8 000 元，全部款项均已收到存入银行。（凭证号：银收 1 号）

④ 3 月 2 日，以银行存款支付前欠货款 5 000 元。（凭证号：银付 1 号）

⑤ 3 月 3 日，登账时发现上月 20 日收到的出租包装物押金为 32 000 元（银收 18 号），原记账凭证中将 32 000 元误写成 23 000 元，现予以更正。

⑥ 3 月 4 日，提现 2 000 元备用。

⑦ 3 月 5 日，登账时发现上月 25 日支付生产车间设备修理费 4 800 元（银付 24 号）原记账凭证中错记入"制造费用"账户的借方，现予以更正。

⑧ 3 月 5 日，从银行借入 3 个月期借款 50 000 元存入银行。

要求：根据资料中的经济业务编制专用记账凭证，相关凭证如凭证 2-5-1～凭证 2-5-9所示。

凭证 2-5-1

收 款 凭 证

借方科目：　　　　　　　　　　　年　　月　　日　　　　　　　　　　字第　　号

摘要	贷方科目		金额										记账√
	总账科目	明细科目	亿	千	百	十	万	千	百	十	元	角	分	
	合计													

附件　张

会计主管：　　　　　记账：　　　　　　出纳：　　　　　　审核：　　　　　制单：

凭证 2-5-2

付 款 凭 证

贷方科目：　　　　　　　　　　　　年　月　日　　　　　　　　　　字第　号

摘要	借方科目		金额											记账√
	总账科目	明细科目	亿	千	百	十	万	千	百	十	元	角	分	
合计														

会计主管：　　　　　　记账：　　　　　　出纳：　　　　　　审核：　　　　　　制单：

附件　张

凭证 2-5-3

收 款 凭 证

借方科目：　　　　　　　　　　　　年　月　日　　　　　　　　　　字第　号

摘要	贷方科目		金额											记账√
	总账科目	明细科目	亿	千	百	十	万	千	百	十	元	角	分	
合计														

会计主管：　　　　　　记账：　　　　　　出纳：　　　　　　审核：　　　　　　制单：

附件　张

凭证 2-5-4

付 款 凭 证

贷方科目：　　　　　　　　　　　　年　月　日　　　　　　　　　　字第　号

摘要	借方科目		金额											记账√
	总账科目	明细科目	亿	千	百	十	万	千	百	十	元	角	分	
合计														

会计主管：　　　　记账：　　　　出纳：　　　　审核：　　　　制单：

附件　张

凭证 2-5-5

收 款 凭 证

借方科目：　　　　　　　　　　　　年　月　日　　　　　　　　　　字第　号

摘要	贷方科目		金额											记账√
	总账科目	明细科目	亿	千	百	十	万	千	百	十	元	角	分	
合计														

会计主管：　　　　记账：　　　　出纳：　　　　审核：　　　　制单：

附件　张

凭证 2-5-6

付 款 凭 证

贷方科目：　　　　　　　　　年　月　日　　　　　　　　　字第　号

摘要	借方科目		金额											记账√
	总账科目	明细科目	亿	千	百	十	万	千	百	十	元	角	分	
合计														

会计主管：　　　　记账：　　　　出纳：　　　　审核：　　　　制单：

凭证 2-5-7

付 款 凭 证

贷方科目：　　　　　　　　　年　月　日　　　　　　　　　字第　号

摘要	借方科目		金额											记账√
	总账科目	明细科目	亿	千	百	十	万	千	百	十	元	角	分	
合计														

会计主管：　　　　记账：　　　　出纳：　　　　审核：　　　　制单：

凭证 2-5-8

付 款 凭 证

贷方科目：　　　　　　　　　　　　年　月　日　　　　　　　　　　字第　号

摘要	借方科目		金额											记账√
	总账科目	明细科目	亿	千	百	十	万	千	百	十	元	角	分	
合计														

附件　张

会计主管：　　　　记账：　　　　出纳：　　　　审核：　　　　制单：

凭证 2-5-9

收 款 凭 证

借方科目：　　　　　　　　　　　　年　月　日　　　　　　　　　　字第　号

摘要	贷方科目		金额											记账√
	总账科目	明细科目	亿	千	百	十	万	千	百	十	元	角	分	
合计														

附件　张

会计主管：　　　　记账：　　　　出纳：　　　　审核：　　　　制单：

三、登记银行存款日记账（22 分）

根据龙云公司 2018 年 2 月 26 日银行存款日记账的记录及编制的收付款凭证登记银行存款日记账，并进行 2 月的月结，如表 2-5-2 所示。

表 2-5-2　银行存款日记账

2018年		记账凭证		摘要	结算凭证		借方	贷方	余额
月	日	字	号		种类	号数			
2	26			承前页			60 000	20 000	80 000

四、计算题（10分）

大华公司是甲、乙共同注册的有限责任公司，2018年年初资产总额为160万元，负债总额为76万元；年末资产总额为310万元，负债总额为145万元。假如不考虑所得税及其他相关税费的情况。请分别计算2018年年度内发生以下情况时公司的收入、费用及实现的利润数额。

1）甲、乙公司既未收回投资，也未增加投资，本年发生各项费用累计24万元。

2）甲追加投资6万元，本年实现的各项收入累计为135万元。

3）甲没有追加投资，乙收回投资8万元，本年发生各项费用累计30万元。

4）甲收回投资2万元，乙追加投资8万元，本年实现的各项收入累计198万元。

5）甲追加投资5万元，乙收回投资3万元，本年发生的费用累计65万元。

第三部分　综　合　实　训

综合实训一

一、企业基本情况

1）企业名称：湘中防爆器材厂，该工厂（工业企业）属于增值税一般纳税人，增值税税率为 16%。

2）企业地址：长沙市芙蓉中路 118 号。

3）联系电话：0731-84876594。

4）法人代表为李国华；会计机构负责人为张飞；会计为刘璋；出纳为陈晓。

5）开户银行及账号：基本账户为中国工商银行长沙市北城支行，账号为 112601571984 578658。

6）纳税人识别号：430508433252796。

7）材料按实际成本计价核算，生产并销售 1 号防爆灯和 2 号防爆灯两种产品。企业发出存货均采用全月一次加权平均法计算。加权平均单价除不尽时保留 4 位。

二、账务处理程序

该企业采用记账凭证账务处理程序。

1）根据企业业务特点和月初账户余额资料，开设账簿、登记期初余额。（账页自备）

① 现金日记账、银行存款日记账（用三栏式日记账页）。

② "原材料""库存商品"明细分类账（用数量金额式账页）。

③ "制造费用""管理费用"等明细分类账（用多栏式明细分类账页）。

④ "应收账款""应付账款""其他应收款""其他应付款"等明细分类账（用三栏式明细分类账账页）。

⑤ 总分类账（用三栏式账页）。

2）根据 2018 年 5 月的经济业务，按要求填制有关原始凭证（凭证 3-1-1、凭证 3-1-3、凭证 3-1-59、凭证 3-1-64～凭证 3-1-74）。根据对应的原始凭证，编制记账凭证，在记账凭证后面规范地粘贴原始凭证（即附件）。

3）序时逐笔登记相关的日记账、明细分类账。

4）根据记账凭证登记总分类账。

5）对账，确保账证、账账相符（实务中还要通过财产清查进行账实核对），然后结账。

6）编制资产负债表和利润表，如表 3-1-5 和表 3-1-6 所示。

三、经济业务核算原始资料

1）湘中防爆器材厂2018年4月末有关总分类账与明细分类账资料如表3-1-1所示。

表3-1-1 总分类账与明细分类账资料

2018年4月30日 单位：元

会计科目	借方余额		贷方余额	
	总分类账	明细分类账	总分类账	明细分类账
库存现金	3 600			
银行存款	298 000			
应收账款	200 000			
永通电器公司		104 000		
沅江电器公司		96 000		
坏账准备			2 000	
其他应收款	2 800			
李莎		800		
王琳		2 000		
预付账款	160 000			
在途物资	20 000			
原材料	112 000			
库存商品	1 020 000			
固定资产	4 000 000			
累计折旧			600 000	
短期借款			60 000	
应付账款			80 000	
湘南电线电缆厂				70 000
湘北电线电缆厂				10 000
应付职工薪酬			3 600	
工会经费				3 600
应交税费			49 360	
未交增值税				20 000
应交城市维护建设税				20 552
应交教育费附加				8 808
应付利息			4 400	
长期借款			400 000	
实收资本			4 178 000	

续表

| 会计科目 | 借方余额 | | 贷方余额 | |
	总分类账	明细分类账	总分类账	明细分类账
资本公积			58 000	
盈余公积			44 290	
本年利润			276 750	
利润分配			60 000	
合计	5 816 400		5 816 400	

2）"原材料"明细分类账资料如表 3-1-2 所示。

表 3-1-2　"原材料"明细分类账资料

金额单位：元

品种	单位	数量	单位成本	金额
1 号防爆灯体	支	1 100	50.00	55 000.00
2 号防爆灯体	支	1 000	57.00	57 000.00
合计	—	—	—	112 000.00

3）"在途物资"明细分类账资料如表 3-1-3 所示。

表 3-1-3　"在途物资"明细分类账资料

金额单位：元

品种	单位	数量	单位成本	金额
1 号防爆灯体	支	400	50.00	20 000.00
合计	—	—	—	20 000.00

4）"库存商品"明细分类账资料如表 3-1-4 所示。

表 3-1-4　"库存商品"明细分类账资料

金额单位：元

品种	单位	数量	单位成本	金额
1 号防爆灯	支	3 200	150.00	480 000.00
2 号防爆灯	支	3 000	180.00	540 000.00
合计	—	—	—	1 020 000.00

5）2018 年 5 月湘中防爆器材厂发生如下业务：

① 2 日，从银行提取现金 1 200 元备用（凭证 3-1-1）。填写现金支票。

② 2 日，从湘南电线电缆厂购入 1 号防爆灯体 12 000 支，单价为 45 元，价款为 540 000 元，增值税税款为 86 400 元，材料验收入库，以转账支票支付（凭证 3-1-2～凭证 3-1-4）。填写收料单、转账支票。

③ 3 日，上月采购的 1 号防爆灯体 400 支，单价为 50 元，验收入库，按实际采购成

本 20 000 元入账（凭证 3-1-5）。

④ 3 日，销售给岳阳隆和电器商店 1 号防爆灯 100 支，单价为 280 元；销售 2 号防爆灯 200 支，单价为 300 元。增值税税率为 16%，货款及税款存入银行（凭证 3-1-6 和凭证 3-1-7）。

⑤ 3 日，仓库发出材料：生产 1 号防爆灯领用 1 号防爆灯体 4 000 支，生产 2 号防爆灯领用 2 号防爆灯体 600 支（凭证 3-1-8 和凭证 3-1-9）。

⑥ 4 日，李莎报销差旅费 919 元，补付现金（凭证 3-1-10）。

⑦ 5 日，收到永通电器公司归还的货款 104 000 元，存入银行（凭证 3-1-11）。

⑧ 8 日，车间管理部门领用 1 号防爆灯体 50 支（凭证 3-1-12）。

⑨ 5 日，转账交纳增值税、城市维护建设税、教育费附加共计 49 360 元（凭证 3-1-13）。

⑩ 10 日，按银行通知，沅江电器公司归还货款 96 000 元存入银行（凭证 3-1-14）。

⑪ 10 日，王琳报销差旅费 1 500 元，退回现金 500 元（凭证 3-1-15 和凭证 3-1-16）。

⑫ 11 日，开出转账支票支付 70 000 元，归还湘南电线电缆厂货款（凭证 3-1-17）。

⑬ 12 日，收到岳阳隆和电器商店的订货款 40 000 元（凭证 3-1-18）。

⑭ 15 日，从湘北电器电缆厂购进 2 号防爆灯体 4 000 支，单价 65 元，货款计 260 000 元，发票上标明增值税税率为 16%，对方代垫运杂费为 800 元（增值税税率为 10%），材料按实际成本转账，材料已入库，货款未付（凭证 3-1-19～凭证 3-1-21）。

⑮ 16 日，以汇兑方式支付 15 日从湘北电器电缆厂购货的款项 302 480 元（凭证 3-1-22）。

⑯ 17 日，用现金购买办公用品 450 元（凭证 3-1-23 和凭证 3-1-24）。

⑰ 18 日，销售给岳阳隆和电器商店 1 号防爆灯 200 支，每支售价为 280 元，税率为 16%，该公司补付的货款及税款收到支票，存入银行（凭证 3-1-25 和凭证 3-1-26）。

⑱ 19 日，销售给沅江电器公司 1 号防爆灯 800 支，每支售价为 280 元；销售 2 号防爆灯 2 000 支，每支售价为 300 元。增值税税率为 16%，货款及税款已委托银行办理托收（凭证 3-1-27 和凭证 3-1-28）。

⑲ 20 日，生产 1 号防爆灯领用 1 号防爆灯体 4 000 支，生产 2 号防爆灯领用 2 号防爆灯体 2 000 支，车间领用 2 号防爆灯体 10 支（凭证 3-1-29～凭证 3-1-31）。

⑳ 20 日，开出转账支票向灾区捐赠救灾款 100 000 元（凭证 3-1-32 和凭证 3-1-33）。

㉑ 20 日，收到银行存款利息通知，本月存款利息 152.50 元已收妥入账（凭证 3-1-34）。

㉒ 21 日，从武汉南华办公家具公司购入办公家具 4 套，每套单价为 50 000 元，共计价款 200 000 元，增值税税额为 32 000 元，开出转账支票支付 200 000 元，余款按合同在使用 1 个月以后支付。家具列入企业的固定资产，已投入使用（凭证 3-1-35～凭证 3-1-37）。

㉓ 22 日，开出转账支票支付长沙金星广告公司产品广告费 40 000 元，增值税税额为 2 400 元（凭证 3-1-38 和凭证 3-1-39）。

㉔ 23 日，银行转来湘北电器电缆厂托收凭证付款通知，采购 1 号防爆灯体 1 500 支，每支买价 60 元，计 90 000 元，税额为 14 400 元；购入热继电器 500 支，每支 80 元，计 40 000 元，税额为 6 400 元。两种材料共代垫运费 400 元，运费增值税税率为 10%，款项

全部承付。运费按重量比例进行分配（凭证3-1-40～凭证3-1-44）。

㉕ 26日，向岳阳隆和电器商店销售1号防爆灯体900支，单价为80元；销售2号防爆灯体1 200支，单价为100元。增值税税率为16%，收到转账支票存入银行（凭证3-1-45～凭证3-1-47）。

㉖ 27日，从湘南电线电缆厂购进1号防爆灯体1 800支，单价为48元；热继电器200支，单价为75元，发票上注明增值税税率为16%，材料暂未收到，款项开出转账支票支付（凭证3-1-48和凭证3-1-49）。

㉗ 28日，以现金支付从湘南电线电缆厂购进材料的运费500元，按材料数量（重量）分配（凭证3-1-50和凭证3-1-51）。

㉘ 28日，从湘南电线电缆厂购进的材料已验收入库，结转材料实际成本（凭证3-1-52）。

㉙ 28日，销售给永通电器公司2号防爆灯1 000支，价款300 000元，增值税税额为48 000元，货已发出，价税款均未收到（凭证3-1-53）。

㉚ 29日，借入三个月期借款100 000元，存入银行（凭证3-1-54和凭证3-1-55）。

㉛ 29日，收到湖南顺达电器厂合同违约金9 000元，存入银行（凭证3-1-56）。

㉜ 30日，分配本月工资总额633 000元，其中1号防爆灯工人工资为210 000元，2号防爆灯工人工资为160 000元，车间管理人员工资为60 000元，行政管理人员工资为130 000元，销售部门人员工资为73 000元（凭证3-1-57）。

㉝ 30日，银行转账支付工资（凭证3-1-58）。

㉞ 30日，按工资总额2%计提工会经费，2.5%计提职工教育经费，填写工会经费与职工教育经费计算表（凭证3-1-59）。

㉟ 30日，计提本月固定资产的折旧费165 800元，其中车间固定资产应计提折旧12 300元，行政管理部门应计提4 080元，销售部门应计提折旧200元（凭证3-1-60）。

㊱ 30日，计提本月短期借款利息237.50元（凭证3-1-61）。

㊲ 分配本月车间耗用的电费5 000元，管理部门耗用的电费1 000元（凭证3-1-62和凭证3-1-63）。

㊳ 31日，根据发出材料汇总表，采用一次加权平均法结转本月发出材料（凭证3-1-64和凭证3-1-65）。

㊴ 31日，月末按生产工人工资分配结转本月制造费用（凭证3-1-66）。分配率除不尽须保留4位。

㊵ 31日，本月生产1号防爆灯4 800支、2号防爆灯2 000支全部生产完工，已验收入库（凭证3-1-67～凭证3-1-69）。

㊶ 31日，计算和结转本月产品销售成本（采用加权平均法）。本月销售1号防爆灯1 100支，销售2号防爆灯3 200支（凭证3-1-70）。

㊷ 31日，计算本月应交的增值税并结转至未交增值税（凭证3-1-71）。

㊸ 31日，根据本月应交的增值税，分别按7%和3%计算本月应交的城市维护建设税

和教育费附加（凭证 3-1-72）。

㊹ 31 日，将损益类账户本期发生额结转至"本年利润"账户（凭证 3-1-73）。

㊺ 31 日，根据 25% 的所得税税率计提本月应交的所得税费用（不考虑纳税调整因素），并将所得税费用结转至"本年利润"账户（凭证 3-1-74）。

凭证 3-1-1

凭证 3-1-2

湖南增值税专用发票　No12131264

发票联

开票日期：2018 年 5 月 2 日

购货单位	名　称：湘中防爆器材厂 纳税人识别号：430503433252796 地址、电话：长沙市芙蓉中路 118 号　0731-84876594 开户行及账号：中国工商银行长沙市北城支行　112601571984578658	密码区	67/*+3*0/611*++0/+0*/*+3+2/9 *11*+66666**066611*+66666* 1**+216***6000*261*2*4/*547 203994+-42*64151*6915361/3*

货物或应税劳务、服务名称	规格型号	单位	数量	单价	金额	税率	税额
1 号防爆灯体		支	12 000	45.00	540 000.00	16%	86 400.00
合　计					¥ 540 000.00		¥ 86 400.00

价税合计（大写）　人民币陆拾贰万陆仟肆佰元整　（小写）¥ 626 400.00

销货单位	名　称：湘南电线电缆厂 纳税人识别号：430542194323145 地址、电话：长沙市解放中路 201 号　0731-84564413 开户行及账号：中国建设银行解放路支行　620300143015220027	备注	湖南电线电缆 430542194323145 发票专用章

收款人：王浩　　复核：　　开票人：张立　　销货单位：（章）

第三联　发票联　购货方记账凭证

凭证 3-1-3

收　料　单

发票号码：　　　　　　　　　　　　　　　　　　　　　　　　　　编号：
供应单位：　　　　　　　　　　　　　　　　　　　　　　　　　　收料仓库：
材料类别：　　　　　　　　　　　年　月　日　　　　　　　　　　金额单位：元

材料/编号	物料名称	规格型号	单位	数量		实际成本				
				应收	实收	买价		运杂费	其他	合计
						单价	金额			

采购员：　　　　　　　　检验员：　　　　　　　　保管员：　　　　　　　　记账员：

凭证 3-1-4

中国工商银行
转账支票存根
20431522
21421113

附加信息 _____
_____

出票日期　年　月　日

收款人：	
金　额：	
用　途：	

单位主管：　　　会计：

付款期限自出票之日起十天

中国工商银行　转账支票　　20431522
21421113

出票日期（大写）　年　月　日　　付款行名称：
收款人：　　　　　　　　　　　　出票人账号：

人民币
（大写）　_____

| 亿 | 千 | 百 | 十 | 万 | 千 | 百 | 十 | 元 | 角 | 分 |

用途 _____　　　　　密码 _____
上列款项请从　　　　　　　行号 _____
我账户内支付
出票人签章　　　　　　　　复核　　　记账

凭证 3-1-5

收 料 单

发票号码：No 42000647　　　　　　　　　　　　　　　　　　　　　　　　　　编号：009

供应单位：湘北电器电缆厂　　　　　　　　　　　　　　　　　　　　收料仓库：原材料库

材料类别：原材料　　　　　　　　　　　2018 年 5 月 3 日　　　　　　　金额单位：元

材料/编号	物料名称	规格型号	单位	数量		实际成本				
				应收	实收	买价		运杂费	其他	合计
						单价	金额			
009	1 号防爆灯体		支	400	400	50.00	20 000.00	0	0	20 000.00
合计							20 000.00			20 000.00

采购员：李军　　　　　检验员：　　　　　保管员：叶倩　　　　　记账员：刘璋

凭证 3-1-6

湖南增值税专用发票　　No12131265

此联不作报销、抵扣凭证使用　　　　　开票日期：2018 年 5 月 3 日

购货单位	名　　称：岳阳隆和电器商店 纳税人识别号：432126170712589 地址、电话：岳阳市南京大道 68 号 0730-8826157 开户行及账号：中国工商银行岳阳南京路支行 622270392053536	密码区	67/*3*0/611*++0/+0*/*+3+2/9 *11*+66666**066611*+66666* 1**+216***6000*261*2*4/*547 203994+-42*64151*6915361/3*

货物或应税劳务、服务名称	规格型号	单位	数量	单价	金额	税率	税额
1 号防爆灯		支	100	280.00	28 000.00	16%	4 480.00
2 号防爆灯		支	200	300.00	60 000.00	16%	9 600.00
合　计					￥88 000.00		￥14 080.00

价税合计（大写）	人民币壹拾万零贰仟零捌拾元整		（小写）￥102 080.00

销货单位	名　　称：湘中防爆器材厂 纳税人识别号：430508433252796 地址、电话：长沙市芙蓉中路 118 号 0731-84876594 开户行及账号：中国工商银行长沙市北城支行 112601571984578658	备注	湘中防爆器材厂 430508433252796 发票专用章

收款人：　　　　　复核：　　　　　　　开票人：易水寒·　　　　　销货单位：（章）

凭证 3-1-7

中国工商银行信汇凭证（收账通知）

4

委托日期：2018 年 5 月 3 日

汇款人	全称	岳阳隆和电器商店	收款人	全称	湘中防爆器材厂
	账号	622270392053536		账号	112601571984578658
	汇出地点	湖南省岳阳市/县		汇入地点	湖南省长沙市/县
	汇出行名称	中国工商银行岳阳南京路支行		汇入行名称	中国工商银行长沙市北城支行

金额	人民币（大写）	壹拾万零贰仟零捌拾元整	亿	千	百	十	万	千	百	十	元	角	分
					¥	1	0	2	0	8	0	0	0

款项已收入收款人账户

支付密码 ******

附加信息及用途：

汇出行签章

复核：　　　记账：

凭证 3-1-8

领　料　单

领料单编号：163

仓库：原材料库　　　　　　2018 年 5 月 3 日　　　　　　金额单位：元

编号	类别	物料名称	规格	单位	数量		实际价格	
					请领	实发	单价	金额
	1 号防爆灯体			支	4 000	4 000		
合计					4 000	4 000		

用途	生产 1 号防爆灯	领料部门		发料部门	
		负责人	领料人	核准人	发料人
		王立强	李人伟	潘立	叶倩

第三联　交财务

凭证 3-1-9

领　料　单

领料单编号：164

仓库：原材料库　　　　　　2018 年 5 月 3 日　　　　　　金额单位：元

编号	类别	物料名称	规格	单位	数量		实际价格	
					请领	实发	单价	金额
	2 号防爆灯体			支	600	600		
合计					600	600		

用途	生产 2 号防爆灯	领料部门		发料部门	
		负责人	领料人	核准人	发料人
		王立强	李大伟	潘立	叶倩

第三联　交财务

凭证 3-1-10

差旅费报销单

金额单位：元

报销日期		2018 年 5 月 4 日		预算科目		专项名称			预算项目		
部门		办公室		出差人		李莎	出差事由		参加商品订货会		
出发		到达		交通费		住宿费			其他费用		
日期	地点	日期	地点	交通工具	单据张数	金额	天数	单据张数	金额	项目	单据张数	金额

日期	地点	日期	地点	交通工具	单据张数	金额	天数	单据张数	金额	项目	单据张数	金额
5月2日	长沙	5月2日	岳阳	高铁	1	69.50	2	1	480.00	行李费		
5月4日	岳阳	5月4日	长沙	高铁	1	69.50				市内车费		
										出租		
										手续费		
										出差补贴		300.00
										节约奖励		
合计						¥139.00			¥480.00			¥300.00

报销总额	人民币（大写）	玖佰壹拾玖元整		预借款	¥800.00	
	人民币（小写）	¥919.00	补领不足	¥119.00	归还多余	

主管：张飞　　　　审核：刘璋　　　　报销：李莎　　　　部门：彭玉

凭证 3-1-11

中国工商银行进账单（收账通知）　　　3

2018 年 5 月 5 日

出票人	全　称	永通电器公司	收款人	全　称	湘中防爆器材厂										
	账　号	11071534265731		账　号	112601571984578658										
	开户银行	中国工商银行长沙市天心支行		开户银行	中国工商银行长沙市北城支行										
金额	人民币（大写）	壹拾万零肆仟元整				千	百	十	万	千	百	十	元	角	分
						¥	1	0	4	0	0	0	0	0	0
票据种类	转账支票		票据张数	1											
票据号码		217 号													

复核　　　记账　　　　　　　　　　　收款人开户银行盖章

此联是收款人开户行交给收款人的收账通知

凭证 3-1-12

领　料　单

领料单编号：165
金额单位：元

仓库：原材料库　　　　　　　　　　2018 年 5 月 8 日

编号	类别	物料名称	规格	单位	数量		实际价格	
					请领	实发	单价	金额
		1 号防爆灯体		支	50	50		
合　　　计					50	50		
用途	车间管理部门耗用				领料部门		发料部门	
					负责人	领料人	核准人	发料人
					王立强	杨涛	潘立	叶倩

第三联　交财务

凭证 3-1-13

电子缴税付款凭证

转账日期：2018 年 5 月 8 日　　　　　　　　　　　　　　凭证字号：02530321

纳税人全称及纳税人识别号：湘中防爆器材厂 430508433252796

付款人全称：湘中防爆器材厂

付款人账号：112601571984578658

付款人开户银行：中国工商银行长沙市北城支行

小写（合计）金额：￥49 360.00

大写（合计）金额：人民币肆万玖仟叁佰陆拾元整

征收机关名称：长沙市北城税务局

收款国库（银行）名称：国家金库长沙市北城支库

缴款书交易流水号：29132020745

税票号码：20335541

税款属期：20180401-20180430

税（费）种名称	实缴金额
增值税	￥20 000.00
城市维护建设税	￥20 552.00
教育费附加	￥8 808.00

第 1 次打印　　　　　　　　　　　　　　　　打印日期：2018 年 5 月 8 日

第二联　作付款回单（无银行收讫章无效）　　复核　记账

凭证 3-1-14

中国工商银行进账单（收账通知）　　　　3

2018 年 5 月 10 日

出票人	全　称	沅江电器公司		收款人	全　称	湘中防爆器材厂										
	账　号	3101621814171			账　号	112601571984578658										
	开户银行	中国工商银行沅江琼湖支行			开户银行	中国工商银行长沙市北城支行										
金额	人民币（大写）	玖万陆仟元整				千	百	十	万	千	百	十	元	角	分
								¥	9	6	0	0	0	0	0	0
票据种类	转账支票	票据张数	1													
票据号码	340 号															
					复核　　记账				收款人开户银行盖章							

此联是收款人开户行交给收款人的收账通知

凭证 3-1-15

差旅费报销单（2）

金额单位：元

报销日期		2018 年 5 月 10 日		预算科目			专项名称			预算项目		
部门		生产车间		出差人		王琳	出差事由			采购原材料		
出发		到达		交通费			住宿费			其他费用		
日期	地点	日期	地点	交通工具	单据张数	金额	天数	单据张数	金额	项目	单据张数	金额
5 月 6 日	长沙	5 月 6 日	常德	火车	1	120.50	3	1	780.00	行李费		
5 月 9 日	常德	5 月 9 日	长沙	火车	1	120.50				市内车费	3	79.00
										出租		
										手续费		
										出差补贴		400.00
										节约奖励		
合计						¥241.00			¥780.00			¥479.00
报销总额	人民币（大写）	壹仟伍佰元整				预借款	¥2 000.00					
	人民币（小写）	¥1 500.00	补领不足			归还多余			¥500.00			

主管：张飞　　　　　审核：刘璋　　　　　报销：王琳　　　　　部门：王立强

凭证 3-1-16

收款单据

No112

2018 年 5 月 10 日

今收到　王琳退回差旅费余款

系付：

金额（大写）⊗ 佰 ⊗ 拾 ⊗ 万 ⊗ 仟 伍 佰 零 拾 零 元 零 角 零 分

现金收讫

湘中防爆
器材厂
财务专用章

¥500.00

（单位盖章）

核准：张飞　　　会计：刘璋　　　记账：　　　出纳：陈晓　　　经手人：王琳

凭证 3-1-17

中国工商银行
转账支票存根
10205310
00610665

附加信息

出票日期　2018 年 5 月 11 日

| 收款人：湘南电器电缆厂 |
| 金　额：¥70 000.00 |
| 用　途：付货款 |

单位主管：李国华　　　会计：刘璋

凭证 3-1-18

中国工商银行信汇凭证（收账通知）   4

委托日期：2018 年 5 月 12 日

<table>
<tr>
<td rowspan="4">汇款人</td>
<td>全称</td>
<td>岳阳隆和电器商店</td>
<td rowspan="4">收款人</td>
<td colspan="2">全称</td>
<td colspan="11">湘中防爆器材厂</td>
<td rowspan="12">此联是汇出行给汇款人的收账通知</td>
</tr>
<tr>
<td>账号</td>
<td>622270392053536</td>
<td colspan="2">账号</td>
<td colspan="11">112601571984578658</td>
</tr>
<tr>
<td>汇出地点</td>
<td>湖南省岳阳市/县</td>
<td colspan="2">汇入地点</td>
<td colspan="11">湖南省长沙市/县</td>
</tr>
<tr>
<td>汇出行名称</td>
<td>中国工商银行岳阳南京路支行</td>
<td colspan="2">汇入行名称</td>
<td colspan="11">中国工商银行长沙市北城支行</td>
</tr>
<tr>
<td rowspan="2">金额</td>
<td rowspan="2">人民币
（大写）</td>
<td rowspan="2">肆万元整</td>
<td>亿</td>
<td>千</td>
<td>百</td>
<td>十</td>
<td>万</td>
<td>千</td>
<td>百</td>
<td>十</td>
<td>元</td>
<td>角</td>
<td>分</td>
</tr>
<tr>
<td></td>
<td></td>
<td></td>
<td>¥</td>
<td>4</td>
<td>0</td>
<td>0</td>
<td>0</td>
<td>0</td>
<td>0</td>
<td>0</td>
</tr>
<tr>
<td colspan="3">款项已收入收款人账户</td>
<td colspan="2">支付密码</td>
<td colspan="9">******</td>
</tr>
<tr>
<td colspan="3"></td>
<td colspan="11">附加信息及用途：

      订货款</td>
</tr>
<tr>
<td colspan="3">汇出行签章</td>
<td colspan="5">复核</td>
<td colspan="6">记账</td>
</tr>
</table>

凭证 3-1-19

湖南增值税专用发票   No42110705

开票日期：2018 年 5 月 15 日

<table>
<tr>
<td rowspan="3">购货单位</td>
<td colspan="2">名   称：湘中防爆器材厂</td>
<td rowspan="3">密码区</td>
<td rowspan="3">67/*+3*0/611*++0/+0*/*+3+2/9
11+66666**066611*+66666*
1**+216***6000*261*2*4/*547
203994+-42*64151*6915361/3*</td>
<td rowspan="9">第三联 发票联 购货方记账凭证</td>
</tr>
<tr>
<td colspan="2">纳税人识别号：430508433252796</td>
</tr>
<tr>
<td colspan="2">地址、电话：长沙市芙蓉中路 118 号 0731-84876954
开户行及账号：中国工商银行长沙市北城支行 112601571984578658</td>
</tr>
<tr>
<td>货物或应税劳务、服务名称</td>
<td>规格型号</td>
<td>单位</td>
<td>数量</td>
<td>单价</td>
<td>金额</td>
<td>税率</td>
<td>税额</td>
</tr>
<tr>
<td>2 号防爆灯体</td>
<td></td>
<td>支</td>
<td>4 000</td>
<td>65.00</td>
<td>260 000.00</td>
<td>16%</td>
<td>41 600.00</td>
</tr>
<tr>
<td>合   计</td>
<td></td>
<td></td>
<td></td>
<td></td>
<td>¥260 000.00</td>
<td></td>
<td>¥41 600.00</td>
</tr>
<tr>
<td>价税合计（大写）</td>
<td colspan="6">人民币叁拾万零壹仟陆佰元整   （小写）¥301 600.00</td>
</tr>
<tr>
<td rowspan="3">销货单位</td>
<td colspan="5">名   称：湖北电器电缆厂</td>
<td rowspan="3">备注</td>
</tr>
</table>

<table>
<tr>
<td rowspan="3">销货单位</td>
<td>名   称：湖北电器电缆厂</td>
<td rowspan="3">备注</td>
</tr>
<tr>
<td>纳税人识别号：914307001864815286</td>
</tr>
<tr>
<td>地址、电话：常德市武陵区洞庭大道 1025 号 0736-6254691
开户行及账号：中国工商银行洞庭湖支行 1102025614832791853</td>
</tr>
</table>

收款人：   复核：   开票人：   销货单位：（章）

凭证 3-1-20

湖南增值税专用发票　　No13210502

发票联

开票日期：2018 年 5 月 15 日

购货单位	名　称：湘中防爆器材厂
	纳税人识别号：430508433252796
	地址、电话：长沙市芙蓉中路 118 号　0731-84876594
	开户行及账号：中国工商银行长沙市北城支行　112601571984578658

密码区

67/*+3*0/611*++0/+0*/*+3+2/9
11+66666**066611*+66666*
1**+216***6000*261*2*4/*547
203994+-42*64151*6915361/3*

货物或应税劳务、服务名称	规格型号	单位	数量	单价	金额	税率	税额
运输费					800.00	10%	80.00
合　计					¥800.00		¥80.00
价税合计（大写）　人民币捌佰捌拾元整					（小写）¥880.00		

销货单位	名　称：大力运输公司
	纳税人识别号：914321135447652008
	地址、电话：常德市武陵区岳新大道 32 号　0736-6754349
	开户行及账号：中国农业银行武陵支行　10777656711213008845

备注

大力运输公司
914321135447652008
发票专用章

收款人：刘织唯　　　　复核：　　　　开票人：李巧巧　　　　销货单位：（章）

第三联　发票联　购货方记账凭证

凭证 3-1-21

收　料　单

发票号码：No42110728　　　　　　　　　　　　　　　　　　编号：010

供应单位：湘北电器电缆厂　　　　　　　　　　　　　　收料仓库：原材料库

材料类别：原材料　　　　　　　2018 年 5 月 15 日　　　　　　　金额单位：元

材料/编号	物料名称	规格型号	单位	数量		实际成本				
				应收	实收	买价		运杂费	其他	合计
						单价	金额			
010	2 号防爆灯体		支	4 000	4 000	65.00	260 000.00	800	0	260 000.00
合计							260 000.00	800.00		260 800.00

采购员：李军　　　　检验员：　　　　记账员：刘璋　　　　保管员：叶倩

凭证 3-1-22

中国工商银行信汇凭证（回单） 1

委托日期：2018 年 5 月 16 日

<table>
<tr><td rowspan="4">汇款人</td><td>全称</td><td>湘中防爆器材厂</td><td rowspan="4">收款人</td><td>全称</td><td colspan="9">湘北电器电缆厂</td></tr>
<tr><td>账号</td><td>112601571984578658</td><td>账号</td><td colspan="9">1102025614832791853</td></tr>
<tr><td>汇出地点</td><td>湖南省长沙市/县</td><td>汇入地点</td><td colspan="9">湖南省常德市/县</td></tr>
<tr><td>汇出行名称</td><td>中国工商银行长沙市北城支行</td><td>汇入行名称</td><td colspan="9">中国工商银行洞庭支行</td></tr>
<tr><td rowspan="2">金额</td><td>人民币
（大写）</td><td colspan="2">叁拾万零贰仟肆佰捌拾元整</td><td>亿</td><td>千</td><td>百</td><td>十</td><td>万</td><td>千</td><td>百</td><td>十</td><td>元</td><td>角</td><td>分</td></tr>
<tr><td colspan="3"></td><td></td><td></td><td>¥3</td><td>0</td><td>2</td><td>4</td><td>8</td><td>0</td><td>0</td><td>0</td></tr>
<tr><td colspan="3"></td><td>支付密码</td><td colspan="11">******</td></tr>
<tr><td colspan="3">中国工商银行
长沙市北城支行
2018.5.16
银行受理凭证章
付货款及运费</td><td colspan="12">附加信息及用途：

货款及代垫运费</td></tr>
<tr><td colspan="3">汇出行签章</td><td colspan="6">复核</td><td colspan="6">记账</td></tr>
</table>

此联是汇出行给汇款人的回单

凭证 3-1-23

国家税务局通用机打发票
记账联

发票代码 11401112103
发票号码 02136510

开票日期：2018 年 5 月 17 日　　　行业分类：商业

<table>
<tr><td>购货方名称</td><td>湘中防爆器材厂</td><td>销售方名称</td><td>长沙得力办公用品公司</td></tr>
<tr><td>购货方地址及电话</td><td>长沙市芙蓉中路 118 号 0731-84876594</td><td>销售方地址及电话</td><td>长沙市五家岭 0731-84632125</td></tr>
<tr><td>购货方识别号</td><td>430508433252796</td><td>销售方识别号</td><td>430767111111564</td></tr>
<tr><td>购货方银行及账号</td><td>中国工商银行长沙市北城支行 1126015719845786</td><td>销售方银行及账号</td><td>中国建设银行暮云支行 2920111721000114</td></tr>
</table>

<table>
<tr><td>货物名称</td><td>数量</td><td>单价</td><td>总值</td></tr>
<tr><td>笔记本</td><td>20 本</td><td>20.00</td><td>400.00</td></tr>
<tr><td>水性笔</td><td>5 盒</td><td>10.00</td><td>50.00</td></tr>
</table>

开票金额（大写）人民币肆佰伍拾元整　　　　¥450.00

开票人：张小凡　　　开票单位：（未盖章无效）

本发票开具总金额限 10 万元以内有效。

凭证 3-1-24

费用报销审批单

部门：行政办公室　　　　　　　　　2018 年 5 月 17 日　　　　　　　　　单位：元

经手人	张辉灿		事由	购买笔记本、水性笔等办公用品	
项目		金额	付款方式	备注	
办公费		450.00	现金		
		现金付讫			
合计		450.00			
公司领导审批意见	财务主管		部门领导	出纳	经手人
李国华	张飞		何磊	陈晓	张辉灿

凭证 3-1-25

湖南增值税专用发票　No12131266

此联不作报销、抵税凭证使用　　　　　　开票日期：2018 年 5 月 18 日

购货单位	名　　称：岳阳隆和电器商店 纳税人识别号：432126170712589 地址、电话：岳阳市南京大道68号 0730-8826157 开户行及账号：中国工商银行岳阳南京路支行 622270392053536	密码区	67/*+3*0/611*++0/+0*/*+3+2/9 *11*+66666**066611*+66666* 1**+216***6000*261*2*4/*547 203994+-42*64151*6915361/3*

货物或应税劳务、服务名称	规格型号	单位	数量	单价	金额	税率	税额
1号防爆灯		支	200	280.00	56 000.00	16%	8 960.00
合　计					¥ 56 000.00		¥ 8 960.00

价税合计（大写）	人民币陆万肆仟玖佰陆拾元整	（小写）¥ 64 960.00	

销货单位	名　　称：湘中防爆器材厂 纳税人识别号：430508433252796 地址、电话：长沙市芙蓉中路118号 0731-84876594 开户行及账号：中国工商银行长沙市北城支行 112601571984578658	备注	湘中防爆器材厂 430508433252796 发票专用章

收款人：　　　　复核：　　　　开票人：易水寒　　　　销货单位：（章）

第一联　记账联　销货方记账凭证

凭证 3-1-26

中国工商银行信汇凭证（收账通知） 4

委托日期：2018 年 5 月 18 日

<table>
<tr><td rowspan="4">汇款人</td><td>全称</td><td>岳阳隆和电器商店</td><td rowspan="4">收款人</td><td>全称</td><td colspan="10">湘中防爆器材厂</td></tr>
<tr><td>账号</td><td>622270392053536</td><td>账号</td><td colspan="10">112601571984578658</td></tr>
<tr><td>汇出地点</td><td>湖南省岳阳市/县</td><td>汇入地点</td><td colspan="10">湖南省长沙市/县</td></tr>
<tr><td>汇出行名称</td><td>中国工商银行岳阳南京路支行</td><td>汇入行名称</td><td colspan="10">中国工商银行长沙市北城支行</td></tr>
<tr><td rowspan="2">金额</td><td colspan="2">人民币（大写）</td><td>亿</td><td>千</td><td>百</td><td>十</td><td>万</td><td>千</td><td>百</td><td>十</td><td>元</td><td>角</td><td>分</td></tr>
<tr><td colspan="2">贰万肆仟玖佰陆拾元整</td><td></td><td></td><td></td><td></td><td>￥2</td><td>4</td><td>9</td><td>6</td><td>0</td><td>0</td><td>0</td></tr>
<tr><td colspan="3">款项已收入收款人账户</td><td colspan="11">支付密码 ******</td></tr>
<tr><td colspan="3"></td><td colspan="11">附加信息及用途：

补付货款</td></tr>
<tr><td colspan="3">汇出行签章</td><td colspan="11">复核　　　　　记账</td></tr>
</table>

凭证 3-1-27

湖南增值税专用发票　No12131267

此联不作报销、扣税凭证使用　　　　开票日期：2018 年 5 月 19 日

<table>
<tr><td rowspan="4">购货单位</td><td>名　称：</td><td colspan="2">沅江电器公司</td><td rowspan="4">密码区</td><td colspan="4">67/*+3*0/611*++0/+0*/*+3+2/9
11+66666**066611*+66666*
1**+216***6000*261*2*4/*547
203994+-42*64151*6915361/3*</td></tr>
<tr><td>纳税人识别号：</td><td colspan="2">432305444906667</td></tr>
<tr><td>地址、电话：</td><td colspan="2">沅江市琼湖南路 15 号　0737-84516581</td></tr>
<tr><td>开户行及账号：</td><td colspan="2">中国工商银行沅江琼湖支行 3101621814171</td></tr>
<tr><td colspan="2">货物或应税劳务、服务名称</td><td>规格型号</td><td>单位</td><td>数量</td><td>单价</td><td>金额</td><td>税率</td><td>税额</td></tr>
<tr><td colspan="2">1 号防爆灯</td><td></td><td>支</td><td>800</td><td>280.00</td><td>224 000.00</td><td>16%</td><td>35 840.00</td></tr>
<tr><td colspan="2">2 号防爆灯</td><td></td><td>支</td><td>2 000</td><td>300.00</td><td>600 000.00</td><td>16%</td><td>96 000.00</td></tr>
<tr><td colspan="2">合　计</td><td></td><td></td><td></td><td></td><td>￥824 000.00</td><td></td><td>￥131 840.00</td></tr>
<tr><td colspan="2">价税合计（大写）</td><td colspan="5">人民币玖拾伍万伍仟捌佰肆拾元整</td><td colspan="2">（小写）￥955 840.00</td></tr>
<tr><td rowspan="4">销货单位</td><td>名　称：</td><td colspan="4">湘中防爆器材厂</td><td rowspan="4">备注</td><td colspan="2" rowspan="4"></td></tr>
<tr><td>纳税人识别号：</td><td colspan="4">430508433252796</td></tr>
<tr><td>地址、电话：</td><td colspan="4">长沙市芙蓉中路 118 号 0731-84876594</td></tr>
<tr><td>开户行及账号：</td><td colspan="4">中国工商银行长沙市北城支行 112601571984578658</td></tr>
<tr><td>收款人：</td><td colspan="3">复核：</td><td colspan="3">开票人：易水寒</td><td colspan="3">销货单位：（章）</td></tr>
</table>

凭证 3-1-28

托收凭证（受理回单）

2018 年 5 月 19 日

业务类型		委托汇款（☑邮划、□电划）托收承付（☑邮划、□电划）												
付款人	全称	沅江电器公司	收款人	全称	湘中防爆器材厂									
	账号	3101621814171		账号	112601571984578658									
	地址	沅江市琼湖南路 15 号		地址	长沙市芙蓉中路 118 号									
	开户行	中国工商银行沅江琼湖支行		开户行	中国工商银行长沙市北城支行									
金额	人民币（大写）玖拾伍万伍仟捌佰肆拾元整			千	百	十	万	千	百	十	元	角	分		
					¥	9	5	5	8	4	0	0	0	
款项内容	价税款	托收凭据名称	增值税专用发票		附寄单证张数				1					
商品发运情况	已发运		合同名称号码		购销合同 101 号									
备注：		款项收妥日期		中国工商银行长沙市北城支行 2018.5.19 受理凭证章 收妥抵用										
复核：　记账：			年　月　日	收款人开户银行签章　2018 年 5 月 19 日										

凭证 3-1-29

领　料　单

领料单编号：166

仓库：原材料库　　　　　　　　　　2018 年 5 月 20 日　　　　　　　　金额单位：元

编号	类别	物料名称	规格	单位	数量		实际价格	
					请领	实发	单价	金额
	1 号防爆灯体			支	4 000	4 000		
合　　计					4 000	4 000		
用途	生产 1 号防爆灯体			领料部门		发料部门		
				负责人	领料人	核准人	发料人	
				王立强	李大伟	潘立	叶倩	

第三联　交财务

凭证 3-1-30

领 料 单

领料单编号：167

仓库：原材料库　　　　　　　　　　　2018 年 5 月 20 日　　　　　　　　　金额单位：元

编号	类别	物料名称	规格	单位	数量		实际价格	
					请领	实发	单价	金额
	2 号防爆灯体			支	2 000	2 000		
合　　　计					2 000	2 000		
用途	生产 2 号防爆灯体			领料部门			发料部门	
				负责人	领料人	核准人	发料人	
				王立强	李大伟	潘立	叶倩	

凭证 3-1-31

领 料 单

领料单编号：168

仓库：原材料库　　　　　　　　　　　2018 年 5 月 20 日　　　　　　　　　金额单位：元

编号	类别	物料名称	规格	单位	数量		实际价格	
					请领	实发	单价	金额
	2 号防爆灯体			支	10	10		
合　　　计					10	10		
用途	车间管理部门一般耗用			领料部门			发料部门	
				负责人	领料人	核准人	发料人	
				王立强	李大伟	潘立	叶倩	

凭证 3-1-32

公益事业捐赠统一票据

发票联

捐赠人：湘中防爆器材厂　　　　　　2018 年 5 月 20 日　　　　　　No：507732

捐赠项目	实物（外币）种类	数量	金额									
			千	百	十	万	千	百	十	元	角	分
救灾款	人民币				1	0	0	0	0	0	0	0
金额合计（小写）	¥100 000.00				¥	1	0	0	0	0	0	0	0
金额合计（大写）	⊗ 佰 壹 拾 零 万 零 仟 零 佰 零 拾 零 元 零 角											

接受单位（盖章）：　　　　　　　　复核人：张强国　　　　　　开票人：常大同

（印章：中国红十字基金会长沙分会财务专用章）

（第三联 报销凭证）

凭证 3-1-33

中国工商银行
转账支票存根
10205311
60610666

附加信息
_____
_____

出票日期　　2018 年 5 月 20 日

收款人：中国红十字基金会长沙分会

金　额：¥100 000.00

用　途：捐赠

单位主管：李国华　　　会计：刘璋

凭证 3-1-34

中国工商银行

存款利息通知单（收账通知）

记账日期：2018 年 5 月 20 日　　　　检索号：

付款人户名：	付款人账号：
收款人户名：湘中防爆器材厂	收款人账号：112601571984578658
金额：人民币（大写）壹佰伍拾贰元伍角整	￥152.50

起息日期：2018 年 4 月 20 日	止息日期：2018 年 5 月 20 日	息余积数：	利率：0.35%
利息：	调整利息：	冲正利息：	计息账户账号：

金融自助卡号：		打印时间：	
银行验证码：		打印方式：	已打印次数：
地区号：	网点号：	柜员号：	授权柜员号：

凭证 3-1-35

湖北增值税专用发票　No02046552

发票联

开票日期：2018 年 5 月 21 日

购货单位	名　称：湘中防爆器材厂			密码区	67/*+3*0/611*++0/+0*/*+3+2/9 *11*+66666**066611*+66666* 1**+216***6000*261*2*4/*547 203994+-42*64151*6915361/3*
	纳税人识别号：430508433252796				
	地址、电话：长沙市芙蓉中路 118 号 0731-84876594				
	开户行及账号：中国工商银行长沙市北城支行 112601571984578658				

货物或应税劳务、服务名称	规格型号	单位	数量	单价	金额	税率	税额
办公家具		套	4	50 000.00	200 000.00	16%	32 000.00
合　计					￥200 000.00		￥32 000.00

价税合计（大写）	人民币贰拾叁万贰仟元整	（小写）￥232 000.00

销货单位	名　称：武汉南华办公家具公司	备注
	纳税人识别号：420199514160152	
	地址、电话：武汉市永安里 26 号 027-45241112	
	开户行及账号：中国工商银行武汉市关山支行 42045676345	

收款人：　　　复核：　　　开票人：李贺　　　销货单位：（章）

凭证 3-1-36

商品验收单

发货单位：武汉南华办公家具公司　　　　　　　　　　　　　　　　　字第 4571 号
收货单位：湘中防爆器材厂　　　　　验收日期：2018 年 5 月 21 日　　　金额单位：元

商品编号	等级	品名及规格	实收（原价）				零售计价				进销差价	备注
			单位	数量	单价	金额	单位	数量	单价	金额		
		办公家具	套	4	50 000	200 000						
合计						200 000						

会计：刘璋　　　　业务主管：张飞　　　　验收：刘立华　　　　制单：叶倩

第二联　财务部门记账

凭证 3-1-37

中国工商银行
转账支票存根
10205312
60610667

附加信息

出票日期　2018 年 5 月 21 日

收款人：武汉南华办公家具公司

金　额：￥200 000.00

用　途：购买办公家具

单位主管：李国华　　会计：刘璋

凭证 3-1-38

湖南增值税专用发票							No00067211		

发票联

开票日期：2018 年 5 月 12 日

购货单位	名　　称：湘中防爆器材厂						密码区	67/*+3*0/611*++0/+0*/*+3+2/9 *11*+66666**066611*+66666* 1**+216***6000*261*2*4/*547 203994+-42*64151*6915361/3*	
	纳税人识别号：4305084332522796								
	地址、电话：长沙市芙蓉中路 118 号 0731-84876594								
	开户行及账号：长沙市中国工商银行北城支行 112601571984578658								
货物或应税劳务、服务名称	规格型号	单位	数量	单价	金额	税率	税额		
广告费					40 000.00	6%	2 400.00		
合　　计					¥40 000.00		¥2 400.00		
价税合计（大写）	人民币肆万贰仟肆佰元整				（小写）¥42 400.00				
销货单位	名　　称：长沙金星广告公司						备注		
	纳税人识别号：430705198819580								
	地址、电话：长沙市金星大道 11 号 0731-86765124								
	开户行及账号：中国农业银行金星支行 505203005000631								

收款人：李义　　　　复核：　　　　　开票人：刘鹏飞　　　　销货单位：（章）

第三联　发票联　购货方记账凭证

凭证 3-1-39

中国工商银行
转账支票存根
10205313
60610668
附加信息
出票日期　　2018 年 5 月 22 日
收款人：长沙金星广告公司
金　额：¥42 400.00
用　途：付广告费
单位主管 李国华　　　会计：刘璋

凭证 3-1-40

湖南增值税专用发票　No04234005

发票联

开票日期：2018 年 5 月 23 日

购货单位	名　　　称：	湘中防爆器材厂				密码区	67/*+3*0/611*++0/+0*/*+3+2/9
	纳税人识别号：	430508433252796					*11*+66666**066611*+66666*
	地址、电话：	长沙市芙蓉中路 118 号　0731-84876954					1**+216***6000*261*2*4/*547
	开户行及账号：	中国工商银行长沙市北城支行　112601571984578658					203994+-42*64151*6915361/3*

货物或应税劳务、服务名称	规格型号	单位	数量	单价	金额	税率	税额
1 号防爆灯体		支	1 500	60.00	90 000.00	16%	14 400.00
热继电器		支	500	80.00	40 000.00	16%	6 400.00
合　计					￥130 000.00		￥20 800.00

价税合计（大写）	人民币壹拾伍万零捌佰元整	（小写）￥150 800.00

销货单位	名　　　称：	湘北电器电缆厂	备注	湘北电器电缆厂 914307001864815286 发票专用章
	纳税人识别号：	914307001864815286		
	地址、电话：	常德市武陵区洞庭大道 1025 号　0736-6254691		
	开户行及账号：	中国工商银行洞庭支行　102025614832791853		

收款人：　　　　　复核：　　　　　开票人：李慧英　　　　　销货单位：（章）

凭证 3-1-41

湖南增值税专用发票　No13220106

发票联

开票日期：2018 年 5 月 23 日

购货单位	名　　　称：	湘中防爆器材厂				密码区	67/*+3*0/611*++0/+0*/*+3+2/9
	纳税人识别号：	430508433252796					*11*+66666**066611*+66666*
	地址、电话：	长沙市芙蓉中路 118 号　0731-84876594					1**+216***6000*261*2*4/*547
	开户行及账号：	中国工商银行长沙市北城支行　112601571984578658					203994+-42*64151*6915361/3*

货物或应税劳务、服务名称	规格型号	单位	数量	单价	金额	税率	税额
运输费					400.00	10%	40.00
合　计					￥400.00		￥40.00

价税合计（大写）	人民币肆佰肆拾元整	（小写）￥440.00

销货单位	名　　　称：	大力运输公司	备注	大力运输公司 914321135447652008 发票专用章
	纳税人识别号：	914321135447652008		
	地址、电话：	常德市武陵区岳新大道 32 号　0736-6754349		
	开户行及账号：	中国农业银行武陵支行　10777656711213008845		

收款人：　　　　　复核：　　　　　开票人：李巧巧　　　　　销货单位：（章）

凭证 3-1-42

运费分配表

2018 年 5 月 25 日   金额单位：元

材料名称	分配标准（材料重量）	分配率	分配金额	备注
1 号防爆灯体	1 500		300	运费按材料重量（防爆灯体和热继电器每支重量相同）比例进行分配。
热继电器	500		100	
合计	2 000	0.20	400	

凭证 3-1-43

收　料　单

发票号码：No04234005   编号：009/005
供应单位：湘北电器电缆厂   收料仓库：原材料库
材料类别：原材料   2018 年 5 月 25 日   金额单位：元

材料/编号	物料名称	规格型号	单位	数量		实际成本				
				应收	实收	买价		运杂费	其他	合计
						单价	金额			
009	1 号防爆灯体		支	1 500	1500	60	90 000	300	0	90 300
005	热继电器		支	500	500	80	40 000	100	0	40 100
合计							130 000	400		130 400

采购员：李军　　　　　　检验员：　　　　　　检验员：刘璋　　　　　　保管员：叶倩

凭证 3-1-44

中国工商银行托收凭证（付款通知）

委托日期：2018 年 5 月 23 日　　　　　　　　付款期限：2018 年 5 月 26 日

业务类型		委托收款（□ 邮划、☑ 电划）托收承付（□ 邮划、□ 电划）														
付款人	全称	湘中防爆器材厂			收款人	全称	湘电器电缆厂									
	账号	112601571984578658				账号	1102025614832791853									
	地址	湖南省长沙 市县	开户行	中国工商银行北城支行		地址	湖南省常德 市县	开户行	中国工商银行洞庭支行							
金额	人民币（大写）	壹拾伍万壹仟贰佰肆拾元整	亿	千	百	十	万	千	百	十	元	角	分
					¥ 1	5	1	2	4	0	0	0
款项内容	货物价税款及运费		托收凭据名称	增值税专用发票		附寄单证张数		2								
商品发运情况		已发运		合同名称号码		购销合同 611 号										

备注

付款人开户银行收到
日期：
　年　月　日
复核　记账

付款人开户行签章
2018 年 5 月 23 日

付款人注意：
1. 根据支付结算办法，上列委托收款（托收未付）款项在付款期内未提出拒付，即视为同意付款。以此代付款通知。
2. 如需提出全部或部分拒付，应在规定期限内，将拒付理由书并附债务证明退交开户银行。

此联是付款人开户银行给付款人的按期付款通知

凭证 3-1-45

湖南增值税专用发票　　No12131268

此联不作报销、扣税凭证使用　　　　　　　　开票日期：2018 年 5 月 26 日

购货单位	名　　　称：	岳阳隆和电器商店				密码区	67/*+3*0/611*++0/+0*/*+3+2/9
	纳税人识别号：	432126170712589					*11*+66666**066611*+66666*
	地　址、电话：	岳阳市南京大道 68 号 0730-8826157					1**+216***6000*261*2*4/*547
	开户行及账号：	中国工商银行岳阳南京路支行 622270392053536					203994+-42*64151*6915361/3*

货物或应税劳务、服务名称	规格型号	单位	数量	单价	金额	税率	税额
1 号防爆灯体		支	900	80.00	72 000.00	16%	11 520.00
2 号防爆灯体		支	1 200	100.00	120 000.00	16%	19 200.00
合　　计					￥192 000.00		￥30 720.00

价税合计（大写）	人民币贰拾贰万贰仟柒佰贰拾元整	（小写）￥222 720.00

销货单位	名　　　称：	湘中防爆器材厂	备注	
	纳税人识别号：	430508433252796		湘中防爆器材厂
	地　址、电话：	长沙市芙蓉中路 118 号 0731-84876594		430508433252796
	开户行及账号：	中国工商银行长沙市北城支行 112601571984578658		发票专用章

收款人：　　　　　复核：　　　　　开票人：易水寒　　　　　销货单位：（章）

凭证 3-1-46

出　库　单　　No1511

会计部门编号：

仓库部门编号：1 号仓库　　　　　　2018 年 5 月 26 日　　　　　　金额单位：元

编号	名称	规格	单位	出库数量	单价	金额	备注
	1 号防爆灯体		支	900			
	2 号防爆灯体		支	1 200			

生产车间或部门：业务科　　　　　　　　　　仓库管理员：叶倩

凭证 3-1-47

中国工商银行进账单（收账通知）　　　3

2018 年 5 月 26 日

出票人	全　称	岳阳隆和电器商店	收款人	全　称	湘中防爆器材厂
	账　号	622270392053536		账　号	112601571984578658
	开户银行	中国工商银行岳阳南京路支行		开户银行	中国工商银行长沙市北城支行

金额	人民币（大写）	贰拾贰万贰仟柒佰贰拾元整	千	百	十	万	千	百	十	元	角	分
				¥	2	2	2	7	2	0	0	0

票据种类	转账支票	票据张数	1 张
票据号码		6621 号	

复核　　　　　记账　　　　　　　　　收款人开户银行盖章

此联是收款人开户行交给收款人的收账通知

凭证 3-1-48

湖南增值税专用发票　No87315572

发票联

开票日期：2018 年 5 月 27 日

购货单位	名　称：湘中防爆器材厂 纳税人识别号：430508433252796 地址、电话：长沙市芙蓉中路 118 号 0731-84876594 开户行及账号：中国工商银行长沙市北城支行 112601571984578658	密码区	67/*+3*0/611*++0/+0*/*+3+2/9 *11*+66666**066611*+66666* 1**+216***6000*261*2*4/*547 203994+-42*64151*6915361/3*

货物或应税劳务、服务名称	规格型号	单位	数量	单价	金额	税率	税额
1 号防爆灯体		支	1 800	48.00	86 400.00	16%	13 824.00
热继电器		支	200	75.00	15 000.00	16%	2 400.00
合　计					¥ 101 400.00		¥ 16 224.00

价税合计（大写）	人民币壹拾壹万柒仟陆佰贰拾肆元整	（小写）¥ 117 624.00

销货单位	名　称：湘南电线电缆厂 纳税人识别号：430542194323145 地址、电话：长沙市解放中路 201 号 0731-84564413 开户行及账号：中国建设银行解放路支行 620300143015220027	备注	湘南电线电缆厂 430542194323145 发票专用章

收款人：王浩　　　复核：　　　　开票人：张立　　　销货单位：（章）

第三联　发票联　购货方记账凭证

凭证 3-1-49

中国工商银行
转账支票存根
10205314
60610669

附加信息 _____

_____

_____

出票日期	2018 年 5 月 27 日
收款人：	湘南电线电缆厂
金　额：	¥ 117 624.00
用　途：	付货款
单位主管：李国华	会计：刘璋

凭证 3-1-50

湖南增值税普通发票　　No14148477

发票联

开票日期：2018 年 5 月 28 日

购货单位	名　　称：	湘中防爆器材厂					密码区	67/*3*0/611*++0/+0*/*+3+2/9		
	纳税人识别号：	430508433252796						*11*+66666**066611*+66666*		
	地址、电话：	长沙市芙蓉中路 118 号 0731-84876594						1**+216***6000*261*2*4/*547		
	开户行及账号：							203994+-42*64151*6915361/3*		
货物或应税劳务、服务名称	规格型号	单位	数量	单价	金额	税率	税额
劳务市内搬运费					485.44	3%	14.56
合　　计					¥ 458.44		¥ 14.56
价税合计（大写）		人民币伍佰元整				(小写) ¥ 500.00	
销货单位	名　　称：	长沙李氏汽运公司					备注			
	纳税人识别号：	140000654124321								
	地址、电话：	长沙市荷花东路街道 90 号 0731-846333235								
	开户行及账号：	长沙银行井湾子支行 622301547000678709								

长沙李氏汽运公司
140000654124321
发票专用章

收款人：蔡泽清　　　复核：　　　　开票人：张丽萍　　　　销货单位：(章)

第二联　发票联　购货方记账凭证

凭证 3-1-51

收 款 收 据

No 433

客户：湘中防爆器材厂

2018 年 5 月 2 日

货号	货物名称	单位	数量	单价	金额									备注
					千	百	十	万	千	百	十	元	角	分	
	1 号防爆灯体	支	1 800	0.25					4	5	0	0	0	
	热继电器	支	200	0.25						5	0	0	0	

现金付讫

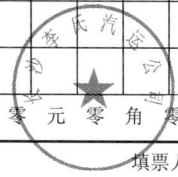

存根（白）　客户（红）

搬运费

金额（大写）⊗ 佰 ⊗ 拾 ⊗ 万 ⊗ 仟伍佰零拾零元零角零分 　¥500.00

会计：李明　　　　　出纳：蔡泽青　　　　　填票人：杨建成

凭证 3-1-52

收 料 单

发票号码：No 14148477

编号：009/005

供应单位：湘南电线电缆厂

收料仓库：原材料库

材料类别：原材料　　　　　　2018 年 5 月 28 日

金额单位：元

材料/编号	物料名称	规格型号	单位	数量		实际成本				
				应收	实收	买价		运杂费	其他	合计
						单价	金额			
009	1 号防爆灯体		支	1 800	1 800	48.00	86 400.00	450.00	0	86 850.00
005	热继电器		支	200	200	75.00	15 000.00	50.00	0	15 050.00
	合计						101 400.00	500.00		101 900.00

采购员：李军　　　　检验员：　　　　记账员：刘璋　　　　保管员：叶倩

凭证 3-1-53

湖南增值税专用发票　　No12131269

此联不作报销、扣税凭证使用　　　　　　开票日期：2018 年 5 月 28 日

购货单位	名　　　称：永通电器公司 纳税人识别号：430775326640100 地　址、电话：长沙市天心区暮云路 123 号　0731-86524412 开户行及账号：中国工商银行长沙市天心支行　11071534266731					密码区	67/*+3*0/611*++0/+0*/*+3+2/9 *11*+66666**066611*+66666* 1**+216***6000*261*2*4/*547 203994+-42*64151*6915361/3*		
货物或应税劳务、服务名称	规格型号	单位	数量	单价	金额		税率	税额	
2 号防爆灯		支	1 000	300.00	300 000.00		16%	48 000.00	
合　　计					￥300 000.00			￥48 000.00	
价税合计（大写）	人民币叁拾肆万捌仟元整				（小写）￥348 000.00				
销货单位	名　　　称：湘中防爆器材厂 纳税人识别号：430508433252796 地　址、电话：长沙市芙蓉中路 118 号　0731-84876594 开户行及账号：中国工商银行长沙市北城支行　112601571984578658					备注	湘中防爆器材厂 430508433252796 发票专用章		

收款人：　　　　　复核：　　　　　开票人：易水寒　　　　　销货单位：（章）

第一联　记账联　销货方记账凭证

凭证 3-1-54

流动资金借款申请书

2018 年 5 月 29 日

企业名称	湘中防爆器材厂	法人代表	李国华	企业性质	工业企业
地址	长沙市芙蓉中路 118 号	财务负责人	张飞	经营范围	生产销售防爆灯体
借款金额	壹拾万元整	借款用途	资金周转	备注	3 个月
借款期限	自 2018 年 5 月 29 日至 2018 年 8 月 29 日			年利率	4.75%

会计主管：张飞　　　　　出纳：陈晓　　　　　审核：　　　　　制单：刘璋

凭证 3-1-55

中国工商银行借款借据 （收账通知）

No0001234

| 科目：短期借款 | | | 2018 年 5 月 29 日 | | | | | | | 银行编号： | | 字 | | 号 | |

借款人	湘中防爆器材厂	利率/%		4.35		放款账号				1001				
						结算账号				112601571984578658				

借款金额（大写）	人民币壹拾万元整	亿	千	百	十	万	千	百	十	元	角	分
				¥	1	0	0	0	0	0	0	0

用途	生产经营周转资金	约定偿还日期	2018 年 8 月 29 日

上列借款已核准发放，并已转入账户。

此致

单位

（银行签章）

2018 年 5 月 29 日

此联由银行盖章后退回借款单位

凭证 3-1-56

中国工商银行 网上银行电子回单

电子回单号码：

付款人	户名	湖南顺达电器厂	收款人	户名	湘中防爆器材厂
	账号	110202310008648		账号	112601571984578658
	开户银行	中国建设银行望城支行		开户银行	中国工商银行长沙市北城支行
金额	玖仟元整（¥9 000.00）				
摘要	合同违约		业务（产品）种类		
用途	合同违约金				
交易流水号	145561222413		时间戳		
	备注：				
	验证码：				
记账网点		记账员		记账日期	

重要提示：   打印日期：2018.5.29

1. 如果您是收款方，请到中国工商银行网站 www.icbc.com.cn 电子回单验证处进行回单验证。

2. 本回单不作为收款方发货依据，并请勿重复记账。

3. 您可以选择发送邮件，将此电子回单发送给指定的接收人。

凭证 3-1-57

工资结算表

2018 年 5 月 30 日 单位：元

| 编号 | 姓名 | 部门 | 基本工资 | 津贴 | 奖金 | 缺勤应扣 | | 应付工资 | 代扣款项 | | 实发工资 | 签收 |
						事假	迟到早退		代扣税款	其他代扣		
1	（略）	生产工人										
		1 号防爆灯	160 000	16 000	34 000	—	—	210 000			210 000	
		2 号防爆灯	120 000	10 000	30 000	—	—	160 000			160 000	
2	（略）	车间管理人员	40 000	6 000	14 000	—	—	60 000			60 000	
3	（略）	行政管理人员	90 000	16 000	24 000	—	—	130 000			130 000	
	（略）	销售部门人员	60 000	5 000	8 000			73 000			73 000	
	合计		470 000	53 000	110 000			633 000			633 000	

批准：李国华 审核：刘璋 部门负责人：张飞 制表：陈晓

凭证 3-1-58

中国工商银行
转账支票存根
10205315
60610670

附加信息

出票日期 2018 年 5 月 30 日

收款人：湘中防爆器材厂

金 额：￥633 000.00

用 途：支付工资

单位主管：李国华 会计：刘璋

凭证 3-1-59

工会经费与职工教育经费计算表

2018 年 5 月 30 日 单位：元

项目	工资总额	工会经费计提金额（比例2%）	职工教育经费计提金额（比例2.5%）
生产工人			
1 号防爆灯	210 000		
2 号防爆灯	160 000		
车间管理人员	60 000		
行政管理人员	130 000		
销售部门人员	73 000		
合计	633 000		

会计主管： 审核： 制单：刘璋

凭证 3-1-60

固定资产折旧计算表

2018 年 5 月 30 日 单位：元

固定资产使用部门	固定资产类别	月初应计提折旧的固定资产价值	月折旧率	月折旧额
生产车间	房屋	1 600 000	0.41%	6 560
	机器设备	1 400 000	0.41%	5 740
行政管理部门	房屋	800 000	0.41%	3 280
	电器设备	200 000	0.4%	800
销售部门	电器设备	50 000	0.4%	200
合计		4 050 000		16 580

制表：刘璋 审核：张飞

凭证 3-1-61

银行借款利息计算单

2018 年 5 月 31 日 金额单位：元

借款种类	借款金额	年贷款利率	月利息额	备注
短期借款	60 000.00	4.75%	237.50	

编制：刘璋 审核：张飞

凭证 3-1-62

电费使用清单

供应单位：长沙供电分公司　　　　　　2018 年 5 月 31 日　　　　　　金额单位：元

月份	耗用量/千瓦时	总额
2018 年 5 月	7 500	6 000
合计	7 500	6 000

凭证 3-1-63

外购电费分配表

2018 年 5 月 31 日　　　　　　金额单位：元

受益对象	耗用量/千瓦时	分配率	分配金额
生产车间	6 250	0.8	5 000
行政管理部门	1 250	0.8	1 000
合计	7 500		6 000

凭证 3-1-64

发出材料单位成本计算表

金额单位：元

原材料	单位	期初结存			本月入库			发出材料单位成本
		数量	单位成本	金额	数量	单位成本	金额	
1 号防爆灯体	支							
2 号防爆灯体	支							
热继电器	支							

凭证 3-1-65

发出材料汇总表

2018 年 5 月 31 日　　　　　　金额单位：元

材料用途	1 号防爆灯体			2 号防爆灯体			合计金额
	数量	单价	金额	数量	单价	金额	
生产 1 号防爆灯							
生产 2 号防爆灯							
车间消耗							
管理部门耗用							
对外销售							
合计							

凭证 3-1-66

制造费用分配表

2018 年 5 月 31 日 金额单位：元

产品	分配标准（工资）	分配率	分配金额	备注
1 号防爆灯				按生产工人工资比例分配制造费用
2 号防爆灯				
合计				

会计主管： 审核： 制单：

凭证 3-1-67

产品成本计算表

产品名称：1 号防爆灯 2018 年 5 月 31 日 单位：元

成本项目	期初在产品	本月生产费用	费用合计	完工成本	单位成本	期末在产品
直接材料						
直接人工						
制造费用						
合计						

凭证 3-1-68

产品成本计算表

产品名称：2 号防爆灯 2018 年 5 月 31 日 单位：元

成本项目	期初在产品	本月生产费用	费用合计	完工成本	单位成本	期末在产品
直接材料						
直接人工						
制造费用						
合计						

凭证 3-1-69

产成品入库单

编号：00629

2018 年 5 月 31 日 金额单位：元

产品编号	名称	规格	计量单位	实收数量	金额	备注	第三联
	1 号防爆灯		支				记账联
	2 号防爆灯		支				
合计							

编制：叶倩 审核：刘璋

202

凭证 3-1-70

销售成本计算表

年　月　日　　　　　　　　　　　　　　　　　　金额单位：元

产品	期初结存成本	本期完工产品成本	加权平均单位成本	期末结存存货成本	销售成本
1 号防爆灯					
2 号防爆灯					
合　计					

凭证 3-1-71

未交增值税计提表

年　月　日　　　　　　　　　　　　　　　　　　单位：元

1. 应交增值税明细账期初余额	
2. 应交增值税明细账进项税额本期发生额	
3. 应交增值税明细账进项税额转出本期发生额	
4. 应交增值税明细账销项税额本期发生额	
5. 本月应交增值税税额	

凭证 3-1-72

税金及附加计算表

年　月　日　　　　　　　　　　　　　　　　　　单位：元

项目	计算依据	金额	税率	应纳税额
合计				

凭证 3-1-73

损益类账户本月发生额

年　月　日　　　　　　　　　　　　　　　　　　单位：元

账户名称	贷方发生额	账户名称	借方发生额
主营业务收入		主营业务成本	
其他业务收入		其他业务成本	
营业外收入		税金及附加	
投资收益		销售费用	
		管理费用	
		财务费用	
		资产减值损失	
		营业外支出	
合计		合计	

凭证 3-1-74

应交企业所得税计算表

年　月　日　　　　　　　　　　　　单位：元

项目	金额	备注
利润总额		只计算本月应交的所得税费用，不考虑纳税调整项，即假定本月利润总额即为应纳税所得额
应纳税所得额		
税率/25%		
应纳所得税额		

四、编制报表

企业资产负债表如表 3-1-5 所示。

表 3-1-5　资产负债表

会企 01 表

编制单位：　　　　　　　　　　　年　月　日　　　　　　　　　　　单位：元

资产	期末余额	年初余额	负债和所有者权益（或股东权益）	期末余额	年初余额
流动资产：			流动负债：		
货币资金			短期借款		
以公允价值计量且其变动计入当期损益的金融资产			以公允价值计量且其变动计入当期损益的金融负债		
衍生金融资产			衍生金融负债		
应收票据及应收账款			应付票据及应付账款		
预付款项			预收款项		
其他应收款			应付职工薪酬		
存货			应交税费		
持有待售资产			其他应付款		
一年内到期的非流动资产			持有待售负债		
其他流动资产			一年内到期的非流动负债		
流动资产合计			其他流动负债		
非流动资产：			流动负债合计		
可供出售金融资产			非流动负债：		
持有至到期投资			长期借款		
长期应收款			应付债券		
长期股权投资			其中：优先股		
投资性房地产			永续债		
固定资产			长期应付款		
在建工程			预计负债		
生产性生物资产			递延收益		
油气资产			递延所得税负债		
无形资产			其他非流动负债		
开发支出			非流动负债合计		
商誉			负债合计		
长期待摊费用			所有者权益（或股东权益）：		

续表

资产	期末余额	年初余额	负债和所有者权益（或股东权益）	期末余额	年初余额
递延所得税资产			实收资本（或股本）		
其他非流动资产			其他权益工具		
非流动资产合计			其中：优先股		
			永续债		
			资本公积		
			减：库存股		
			其他综合收益		
			盈余公积		
			未分配利润		
			所有者权益（或股东权益）合计		
资产总计			负债和所有者权益（或股东权益）总计		

利润表如表 3-1-6 所示。

表 3-1-6 利润表

编制单位：　　　　　　　　　　　　　　　年　　月　　　　　　　　　　　　　　单位：元

项目	本期金额	上期金额
一、营业收入		
减：营业成本		
税金及附加		
销售费用		
管理费用		
研发费用		
财务费用		
其中：利息费用		
利息收入		
资产减值损失		
加：其他收益		
投资收益（损失以"-"号填列）		
其中：对联营企业和合营企业的投资收益		
公允价值变动收益（损失以"-"号填列）		
资产处置收益（损失以"-"号填列）		
二、营业利润（亏损以"-"号填列）		
加：营业外收入		
减：营业外支出		
三、利润总额（亏损总额以"-"号填列）		
减：所得税费用		
四、净利润（净亏损以"-"号填列）		

综合实训二

一、企业基本情况

1）企业名称：湖南雨花机械设备制造厂，该工厂（工业企业）属于增值税一般纳税人，增值税税率为 16%。

2）企业地址：长沙市雨花区环保科技园 E 区。

3）联系电话：0731-82159998。

4）法人代表为陈胜利；会计机构负责人为陈浩；会计为于平；出纳为李华。

5）开户银行及账号：中国工商银行长沙雨花支行，6324125964515868。

6）纳税人登记号：430111754768265。

7）材料按实际成本计价核算，生产并销售和泥机和挖掘机两种产品。企业发出材料采用先进先出法，发出产品采用全月一次加权平均法。

二、账务处理程序

该公司采用科目汇总表账务处理程序（为节约篇幅，本题不附原始凭证）。

三、要求

1）根据所给经济业务，编制会计分录。

2）编制科目汇总表（每 10 天汇总一次）。

3）登记银行存款日记账。

4）根据科目汇总表登记"银行存款""应收账款""原材料""应付账款"总分类账。

5）登记"原材料""生产成本"明细分类账。

6）编制 2018 年 1 月的资产负债表和利润表。

四、具体内容

2017 年 12 月 31 日的总分类账及明细分类账资料如表 3-2-1 所示。

表 3-2-1　总分类账及明细分类账资料

单位：元

账户	账户余额	
	借方	贷方
库存现金	800	
银行存款	865 000	
应收账款	75 000	
应收账款——常胜公司	70 000	
应收账款——昌平公司	5 000	
坏账准备		1 500
应收票据	200 000	
其他应收款	5 000	
原材料	360 000	
原材料——铸造铁	60 000 千克，单位成本为 2 元，余额为 120 000 元	
原材料——钢铁	数量 80 000 千克，单位成本为 3 元，余额为 240 000 元	
生产成本	790 000	
生产成本——和泥机	直接材料 150 000 直接人工 70 000 制造费用 20 000	
生产成本——挖掘机	直接材料 350 000 直接人工 140 000 制造费用 60 000	
库存商品	1 340 000	
库存商品——和泥机	数量 20 台，单位成本为 22 000 元，总成本为 440 000 元	
库存商品——挖掘机	数量 5 台，单位成本为 180 000 元，总成本为 900 000 元	
固定资产	2 328 000	
累计折旧		400 000
应交税费		95 000
应交税费——应交所得税		95 000
应付职工薪酬		600 000
实收资本		3 000 000
资本公积		950 000
盈余公积		400 000
利润分配		517 300
合计	5 963 800	5 963 800

五、根据经济业务填制相关凭证（以会计分录替代）

湖南雨花机械设备制造厂 2018 年 1 月发生如下经济业务。

1）1 日，从银行提取现金 1 000 元备用。（现金支票存根）

2）2 日，采购员徐林出差回来，报销差旅费 2 640 元，收回现金 360 元，结清原借支。（差旅费报销单、收款收据）

3）3 日，从湖南钢铁制造厂购入钢铁 20 000 千克，增值税专用发票注明的价款为 60 000 元，增值税税率为 16%，材料未入库，货款及税款以转账支票支付。（增值税专用发票、转账支票存根）

4）4 日，收回常胜公司还来的货款 70 000 元，存入银行。[银行电汇凭证（收款通知）]

5）4 日，销售给常胜利民机械有限公司和泥机 10 台，每台售价 26 000 元；挖掘机 3 台，每台售价 215 000 元，货款共计 905 000 元，增值税税率为 16%，货款及税款存入银行。[增值税专用发票、银行信汇凭证（收账通知）]

6）5 日，3 日从湖南钢铁制造厂购入的钢铁 20 000 千克价款为 60 000 元，验收入库。（收料单）

7）5 日，仓库发出材料：生产和泥机领用铸造铁 20 000 千克，实际成本为 40 000 元，领用钢铁 10 000 千克，实际成本为 30 000 元；生产挖掘机领用铸造铁 30 000 千克，实际成本为 60 000 元，领用钢铁 45 000 千克，实际成本为 135 000 元；车间一般消耗钢铁 200 千克，实际成本为 600 元。（发出材料汇总表）

8）7 日，厂长王文军出差，预借差旅费 1 200 元，以库存现金付讫。（借支单）

9）8 日，从长沙金属材料公司购入铸造铁 40 000 千克，单价 2.2 元，货款价为 88 000 元，增值税税率为 16%，运费为 600 元，运费的增值税税率为 10%，材料验收入库，货款未付。（收料单、增值税专用发票）

10）10 日，收到银行的通知，昌平公司还来货款 5 000 元，存入银行。[银行电汇凭证（收账通知）]

11）10 日，从计算机公司购入一台计算机设备，取得增值税专用发票，发票上注明价款为 30 000 元，增值税税款为 4 800 元，款项以银行存款支付，计算机设备已验收交付行政管理部门使用。（转账支票存根、增值税专用发票、固定资产交接单）

12）11 日，归还前欠长沙金属材料公司的价税款。[银行电汇凭证（回单）]

13）12 日，生产挖掘机领用钢铁 44 000 千克，实际成本为 132 000 元；领用铸造铁 15 000 千克，实际成本 31 000 元。（领料单）

14）12 日，向长沙建筑公司销售和泥机 5 台，每台售价为 25 500 元，税率为 16%，货款及税款收到支票，存入银行。（增值税专用发票、进账单）

15）12 日，开出现金支票从银行提取现金 600 000 元，以备发放工资。（现金支票存根）

16）13 日，以现金发放工资 600 000 元。（工资发放汇总表）

17）15 日，以支票支付管理部门的修理费用 500 元，车间设备的修理费 300 元。（转账支票存根、服务业零售发票）

18）16 日，向银行借入半年期借款 100 000 元，存入银行。[流动资金借款申请书、银行贷款凭证（收款通知）]

19）16 日，持有的商业汇票到期，款项 200 000 元已存入银行。（进账单）

20）18 日，以转账支票支付广告费 1 000 元。（增值税普通发票、转账支票存根）

21）20 日，行政管理人员张民出差回来，报销差旅费 1 130 元，以库存现金补足 130 元，结清原借款。（差旅费报销单、现金付款凭单）

22）23 日，向长沙芙蓉机械设备公司销售 3 台和泥机和 2 台挖掘机，货款共计 600 000 元，增值税专用发票上注明税率为 16%，货款及税款已委托银行办理托收，尚未收到款项。[增值税专用发票、托收凭证（付款通知）]

23）25 日，开出转账支票，通过中国红十字基金会向贫困灾区捐赠 10 000 元。（收款收据、转账支票存根）

24）25 日，向新化工厂销售铸造铁 20 000 千克，单位售价 4 元，共计 80 000 元，增值税税额为 12 800 元，货款及税款收到电汇凭证收账通知。[增值税专用发票、银行电汇凭证（收账通知）]

25）25 日，开出税收缴款书上缴所得税 95 000 元。[税收缴款书（付款通知）]

26）27 日，接到银行的通知，收到银行存款利息 1 200 元。（进账单）

27）28 日，总务科报账，报销零星办公用品费 180 元，以库存现金补足定额。（零售发票、现金付款凭单）

28）28 日，仓库盘点发现铸造铁盘亏 100 千克，实际成本 220 元，短缺原因不明。（材料盘点盘亏报告单）

29）30 日，分配结转本月工资总额 72 000 元，其中，生产和泥机工人工资为 21 000 元，生产挖掘机工人工资为 36 000 元，车间管理人员工资为 5 000 元，行政管理人员工资为 10 000 元。[应付职工薪酬（工资）分配表]

30）30 日，按本月工资总额 72 000 元的 12% 计提社会保险费。（社会保险费计算表）

31）30 日，计提本月固定资产的折旧费 15 170 元，其中，车间固定资产应计提折旧 13 500 元，行政管理部门应计提折旧 1 670 元。（固定资产折旧计算表）

32）31 日，月末按工人工资分配结转本月制造费用。（制造费用分配表）

33）31 日，结转本月完工的和泥机和挖掘机的实际生产成本。本月完工和泥机 17 台，完工挖掘机 6 台，已验收入库，本月末没有在产品。（产成品入库单）

34）31 日，计算和结转本月产品销售成本。采用全月一次加权平均法。本月销售和泥机 18 台，销售挖掘机 5 台。（商品销售成本计算表）

35）31 日，计算和结转本月应交未交的增值税。（应交增值税计算表）

36）31 日，根据本月交纳的增值税，按规定比率 7% 计提本月应交城市维护建设税，按规定比率 3% 计提应交的教育费附加。（城市维护建设税和教育费附加计提表）

37）31 日，结转本月销售铸造铁的实际成本（材料销售成本计算单）

38）31 日，28 日清查发现盘亏的铸造铁 220 元，已查明原因，系管理不善，经批准计入企业管理费用（不考虑增值税的处理）。（材料盈亏处理报告单）

39）31 日，收到罚没款收入 600 元，以现金收取。（收款收据）

40）31 日，将本月损益类账户发生额结转至"本年利润"账户。（损益类账户本月发生额结转"本年利润"账户金额）

41）31 日，根据本月利润总额，按税率 25% 计提本月应交的所得税费用（没有纳税调整因素），并将所得税费用结转至"本年利润"账户。（应交企业所得税计算表）

42）31 日，假定按本月净利润的 10% 提取法定盈余公积，5% 提取任意盈余公积。（提取盈余公积计算表）

参 考 文 献

高席兰，2010．会计基础模拟实训[M]．北京：科学出版社．

李红梅，崔喜元，2013．基础会计模拟实训[M]．北京：中国经济出版社．

张玉森，2011．基础会计习题集[M]．4版．北京：高等教育出版社．

中华人民共和国财政部，2006．企业会计准则[M]．北京：经济科学出版社．

中华人民共和国财政部，2006．企业会计准则：应用指南（2006）[M]．北京：中国财政经济出版社．